AI 기업 경영

인공지능총서

인공지능 시대입니다. 기계가 인간의 인지를 대신하고, 사물이 인간을 통하지 않고 다른 사물과 직접 커뮤니케이션합니다. 이에 따른 인간 삶과 문명 변화를 정확히 이해·예측·대응하는 것은 이 시대 우리 모두의 과제입니다. 인공지능총서는 인공지능 기술과 환경의 여러 주제를 10가지 키워드로 정리합니다. 관련 개념과 이론, 학계와 산업계의 쟁점, 우리 일상의 변화를 다룹니다. 인간과 기술의 현재, 미래를 세심히 분석합니다.

일러두기

- 인명, 작품명, 저서명, 개념어 등은 한글과 함께 괄호 안에 해당 국가의 원어를 병기했습니다.
- 외래어 표기는 현행 어문규정의 외래어표기법을 따랐습니다. 다만 '솔루션' 등은 관행을 따랐습니다.

처음이세요?

전문가세요?

AI 기업 경영

권영우

대한민국, 서울, 커뮤니케이션북스, 2025

AI 기업 경영

지은이 권영우
펴낸이 박영률

초판 1쇄 펴낸날 2025년 9월 30일

커뮤니케이션북스(주)
출판 등록 2007년 8월 17일 제313-2007-000166호
02880 서울시 성북구 성북로 5-11
전화(02) 7474 001, 팩스(02) 736 5047
commbooks@commbooks.com
www.commbooks.com

ISBN 979-11-430-1103-9 03500

책값은 뒤표지에 표시되어 있습니다.

차례

AI 시대 성공적인 기업 경영 전략 xi

01 기업의 AI 활용 비즈니스 창출 전략 1

02 AI 도입을 위한 전략적 경영 기획 11

03 AI 기반 성공적인 마케팅 전략 21

04 생산 관리에서의 AI 활용 31

05 공급망 관리와 물류의 AI 활용 41

06 AI를 활용한 인적 자원 관리 51

07 AI를 활용한 재무 관리 61

08 AI 기술 개발 및 조직 문화와 윤리 71

09 기업의 성공적인 AI 도입 실행 전략 81

10 AI 도입 효과 측정 및 지속 가능 경영 91

AI 시대 성공적인 기업 경영 전략

매출을 늘리고 싶은 경영자, 이익 확대를 희망하는 임원, 생산성 제고 비결이 필요한 공장장, 불량 인하 방법을 고민하는 생산부장, 원가 절감 방안을 강구하는 자재부장, 새로운 기술 개발에 몰두하는 연구소장, 유능한 인재를 채용 및 육성하고 싶은 인사부장 등은 이 책에 제시된 AI 활용 노하우를 학습하고 실천하면 기대한 목표를 달성할 수 있다.

기업의 급속한 AI 활용 확산

우리는 지금 인류 역사상 가장 급격한 변화의 시대를 살고 있다. 인공지능(Artificial Intelligence, AI)이 단순한 기술 혁신을 넘어 산업 전반의 패러다임을 바꾸고 있으며, 기업 경영의 근본적인 전환을 요구하고 있다. AI는 인간의 학습 능력, 추론 능력, 지각 능력을 인공적으로 구현하려는 컴퓨터 과학의 세부 분야 중 하나다. 과거 인터넷이 정보 접근 방식을 혁신했다면, 이제 AI는 의사 결정, 업무 수행, 고객 서비스의 모든 영역에서 인간의 능력을 확장하고 보완하고 있다.

특히 2022년 이후 나타난 챗지피티, 제미나이, 클로드 등 생성형 AI는 기업 경영자들에게 새로운 기회와 도전을 동시에 주고 있다. 생성형 AI란 학습된 데이터를 바탕으로 새로운 콘텐츠나 아이디어 등을 생성하는 AI 기술이다. 자연어 처리, 이미지 생성, 코드 작성 등 다양한 형태로 활용될 수 있으며, 기존의 데이터를 분석하는 AI와는 달리 새로운 패턴이나 솔루션을 창출하는 것이 특징이다. 예를 들면, 생성형 AI는 기업의 과거 성공 사례나 패턴을 분석하고, 이를 기반으로 기업의 상황에 적합한 맞춤형 해결 방안을 모색해 준다. 기업 경영자를 비롯한 임직원들이 생성형 AI를 활용해 좀 더 창의적이고 혁신적인 아이디어를 창출해 업무에 활용하면 기대한 성과를 거둘 수 있다.

기업 경영자들은 생성형 AI의 종류와 각각의 특징을 잘 이해하고 업무 특성에 적합한 활용 전략을 수립해 사용하는 것이 바람직하다. 주요 생성형 AI 종류와 특징을 경영 활용 관점에서 살펴보면 다음과 같다.

첫째, 언어 생성 AI(Language Generation AI)는 자연어 처리(Natural Language Processing, NLP) 기술을 기반으로 해 텍스트 데이터를 학습하고, 이를 바탕으로 새로운 문장이나 글을 생성하는 기술이다. 이 AI는 보고서나 이메일 작성, 마케팅 콘텐츠 제작, 고객 응대 자동화 등 다양한 비즈니스 영역에서 활용된다.

둘째, 이미지 생성 AI(Image Generation AI)는 시각적 데이터를 바탕으로 새로운 이미지를 생성하는 기술이다. 이 AI는 마케팅 디자인, 제품 이미지 생성, 브랜드 이미지 관리 등의 업무에 유용하게 활용될 수 있는데, 특히, 고객의 요구에 맞춰 다양한 이미지를 빠르게 생성할 수 있다는 장점이 있다.

셋째, 음악 및 음성 생성 AI(Music & Voice Generation AI)는 음원 데이터를 학습해 새로운 음악을 작곡하고, 음성 데이터를 바탕으로 자연스러운 음성을 생성하는 기술이다. 이 AI는 마케팅, 홍보, 브랜드의 음성 브랜딩, 고객 서비스 자동화 등에 유용하게 사용될 수 있다.

넷째, 비디오 생성 AI(Video Generation AI)는 텍스트, 이미지 또는 기타 시각적 데이터를 기반으로 새로운 동영상을 생성하는 기술이다. 이 AI는 비디오 마케팅, 제품 시연, 교육 자료 제작 등 다양한 콘텐츠 제작에 활용된다. 기업은 비디오 생성 AI를 통해 짧은 시간 내에 고품질의 비디오를 제작하고, 콘텐츠 제작 비용을 많이 줄일 수 있다.

다섯째, 코드 생성 AI(Code Generation AI)는 프로그래밍 언어를 학습해 자동으로 코드를 작성하거나 기존 코드를 최적화하는 기술이다. 이 AI는 소프트웨어 개발, 앱 개발, 웹사이트 구축 등 IT 관련 프로젝트의 개발 속도를 높이고 비용을 절감할 수 있게 해 준다.

현재 기업들이 주로 사용하고 있는 생성형 AI를 보면, 오픈AI(OpenAI)의 챗지피티(ChatGPT), 구글(Google)의 제미나이(Gemini), 앤트로픽(Anthropic)의 클로드(Claude), 메타(Meta)의 라마(LLaMA), 엑스닷AI(xAI)의 그록(Grok), 마이크로소프트(Microsoft)의 코파일럿(Copilot), 퍼플렉시티AI(Perplexity AI)의 퍼플렉시티(Perplexity) 등이다. 이들 생성형 AI는 복잡한 프로그래밍 지식 없이도 자연어로 소통하며 다양한 업무를 수행할 수 있어 기업 현장에서 빠르게 확산되고 있다.

이처럼 다양한 생성형 AI의 출현으로 인해 이제 기업들은 단순한 디지털 전환을 넘어 AI 중심의 경영 환경으로 빠르게 이동해야 하는 상황에 직면했다. 전통적인 경영 방식으로 운영되는 기업과 AI를 적극적으로 활용하는 AI 기반 경영 기업 간의 경쟁력 격차는 이미 현실로 나타나고 있으며, 이 격차는 시간이 지날수록 더욱 벌어질 것이다.

마치 20여 년 전 인터넷을 외면했던 기업들이 시장에서 노태되었듯, 오늘날 AI를 외면하는 기업들은 생존 자체가 위협받을 수 있다. 변화에 민감하게 반응하고 적응하는 기업만이 미래 시장에서 경쟁 우위를 확보할 수 있는 시대가 도래한 것이다.

매출 증대와 이익률 제고 측면에서 AI는 이미 놀라운 성과를 보여 주고 있다. 글로벌 유통업체 미국의 A기업은 AI 기반 추천 시스템을 통해 매출을 늘리고 있으며, 한국에서도 네이버, 카카오 등 IT 기업들이 AI를 활용한 개인화 서비스로 고객 만족도를 높이고 매출을 늘리고 있다. 제조업 분야에서는 H자동차가 AI 기반 품질 관리 시스템을 도입해 불량률을 기대한 수준으로 감소하는 성과를 거뒀다.

경영 전략 수립에서도 AI의 활용도가 높아지고 있다. 과거 경영진의 경험과 직감에 의존했던 전략 수립 과정에서 AI는 방대한 데이터를 분석해 객관적이고 정확한 인사이트를 제공한다. 자원 운영 효율화 측면에서는 AI가 데이터에 기반한 예측을 통해 인력 배치, 재고 관리, 에너지 사용량 최적화 등을 지원해 운영 비용을 대폭 절감하고 있다.

고객 관리 혁신 영역에서 AI 챗봇과 개인화 서비스는

이미 필수 도구가 되었다. 24시간 고객 응대가 가능한 AI 챗봇은 고객 만족도를 높이면서도 인건비를 줄이는 효과를 보여 주고 있다. 제품 개발 프로세스에서도 AI는 고객 피드백 분석, 트렌드 예측, 디자인 최적화 등을 통해 개발 기간을 단축하고 성공 확률을 높이는 데 기여하고 있다.

특히 주목할 점은 이러한 AI 활용이 대기업뿐만 아니라 중소기업에서도 활발하게 이뤄지고 있다는 것이다. 과거 막대한 투자 비용이 필요했던 AI 기술이 이제는 월 몇만 원의 구독료로 이용할 수 있게 되면서, 기업 규모와 관계없이 AI의 혜택을 누릴 수 있는 환경이 조성되었다. 이러한 영향으로 기업, 공공부문 등 조직들의 생성형 AI에 대한 활용 성과가 커지고 활용이 점차 늘어나는 선순환 추이를 보이고 있다.

기업 경영자의 AI 활용은 선택이 아닌 필수

기업 경영자를 비롯한 임직원들은 AI를 다음과 같이 기업 경영 전반에 활용해 다양한 성과를 거두고 있다.

먼저 주요 기업의 경영자를 비롯한 임원들은 AI를 경영 전략 수립 및 시나리오 플래닝 지원, 경영 현안 관련 브리핑 및 보고서 초안 검토와 생성, 시장 및 산업 트렌드 분석 요약, 경영 회의 자료 요약 정리 또는 발언 초안 생성, 투자 또는 인수 합병 대상 기업 정보 분석, 대외 커뮤니케이션 자료(연설문, 인터뷰 초안 등) 작성 보조, ESG, 디지털 전환 등 신사업 어젠다 발굴, 조직 내 주요 문서나 정책 검토 시 요약 및 해설 기능 등의 업무를 할 때 주로 사용하고 있다.

이들은 생성형 AI를 다양하게 활용해 전략적 의사 결정의 정량적 근거 확보, 복잡한 정보에 대한 요약 및 해석 시간 단축, 대내외 커뮤니케이션 메시지 품질 제고, 경영 이슈 대응을 위한 다양한 관점 도출, 업무 효율 향상 및 리더십 생산성 제고, 의사 결정 시나리오의 다양성 확보, 디지털 리터러시 제고 및 조직 변화 유도, 최신 트렌드 및 글로벌 사례 신속 파악 등의 성과를 거두고 있다.

이들이 활용하는 주요 AI는 챗지피티, 제미나이, 클로드 등 생성형 AI, 요약 및 해설형 AI 문서 분석 도구, 산업 트렌드 분석 및 뉴스 집계 플랫폼, 보고서 자동 초안 작성 도구, 시뮬레이션 기반 전략 시나리오 도구, 경영 현안 관련 질의응답(question & answer, Q&A) 자동 정리 시스템, 음성 기반 발언 초안 작성 및 회의 요약 AI, 기업 및 산업 데이터 기반 AI 분석 플랫폼 등이다.

이들은 AI를 도입할 때 정보의 정확성과 신뢰도, 대외 메시지의 품질과 브랜드 정합성, 경영 의사 결정에 미치는 영향력, 시스템 사용의 편의성과 속도, 보안성 및 기밀 유출 방지, 기존 업무 방식과의 조화 및 검증 가능성, 조직 내 AI 확산을 위한 선도적 활용 가능성, 다양한 정보에 대한 요약 및 시각화 능력 등의 요인을 주로 고려하고 있다.

한편, 주요 기업의 중간 관리자 및 직원들은 AI를 팀 회의 자료, 주간 보고서, 업무 요약문 자동 작성, 팀원 피드백 및 성과 평가 자료 초안 작성, 일정 및 업무 배정 계획 수립 보조, 사내 교육 자료와 지침서 및 가이드라인 생성, 보고서와 기획서 등의 문서 검토 및 요약, 타 부서 협업 문서 및 커뮤니케이션 자료 초안 작성, 아이디어 회의 및 브레인스토밍 자료 정리, 팀 내 기술 및 시장 동향 요약 전달 등의 업무를 할 때 주로 활용하고 있다.

이들은 생성형 AI를 활용해 반복 업무 시간 절약 및 효율 향상, 팀원 간 의사소통의 명확성 및 생산성 향상, 실무자 지원 및 교육 자료 제작 부담 감소, 전략적 사고 및 기획 업무에 집중할 시간 확보, 팀 업무 품질의 표준화 및 일관성 확보, 보고 및 의사소통 문서의 품질 향상, 실시간 정보 정리 및 우선순위 설정, 부서 간 협업 문서 및 자료 부담 완화 등의 성과를 지속적으로 거두고 있다.

이늘이 활용하는 주요 AI 도구는 챗지피티, 제미나이, 클로드 등 생성형 AI를 통한 보고서 및 기획서 초안 작성, 자연어 처리 기반 요약 및 정리 도구, 일정 관리 및 업무 분배 보조 AI 툴, 협업 플랫폼 연동 문서 자동화 기능, 교육 콘텐츠 자동 생성 도구, 실시간 회의록 생성 및 회의 요약 도구, 시장 정보 및 경쟁사 뉴스 요약 시스템, 직원 문의 자동 응답 및 팀 내 자주 묻는 질문(Frequently Asked Questions, FAQ) 챗봇 등이다.

이들은 AI를 도입할 때 실무에 바로 활용 가능한 실용성, 생성 콘텐츠의 정확성 및 신뢰도, 팀원과의 협업 시 활용 가능성, 내부 시스템과의 연동성, 학습 곡선 및 직관적 사용성, 보안성 및 팀 기밀 정보 보호, 문서 품질 및 보고용 자료 신뢰성, 상급자 보고 또는 하급자 교육 시의 활용도 등의 요인을 주로 고려하고 있다.

이처럼 다른 기업에서 많은 성과를 거두고 있는 AI를 활용하지 않고 있는 기업 경영자는 경쟁 우위를 확보하기 위해 지금부터 AI를 전략적으로 활용해야 한다. 경영자는 AI를 통해 시장 동향을 실시간으로 파악하고, 고객의 니즈를 정확히 예측하며, 위험을 사전에 관리해 불확실한 경영 환경을 극복해야 한다. 또한 기업 임직원들도

AI 활용 역량을 제고해 업무 생산성 향상과 개인 경쟁력을 강화해야 한다. 반복적이고 단순한 업무를 AI에게 맡기고, 인간은 보다 더 창의적이고 전략적인 업무에 집중해야 한다. 이는 업무 효율성을 높일 뿐만 아니라 직원들의 업무 만족도와 성장 기회를 확대하는 효과도 가져온다.

이해관계자들도 AI를 적극적으로 활용하는 기업에 더 큰 가치를 부여하고 있다. 투자자들은 AI 역량을 갖춘 기업을 미래 성장 가능성이 높은 기업으로 평가하며, 고객들은 AI 기반 서비스를 통해 더 나은 경험을 제공받기를 기대한다. 결국 AI 활용 역량은 기업의 지속 가능성과 직결되는 요소가 되었다.

그런데 많은 기업이 AI 활용에 대한 두려움과 부담을 가지고 있는 것이 현실이다. 특히 AI가 인력을 대체할 것이라는 우려가 크지만, 실제로는 AI와 인간이 협업해 더 큰 성과를 만들어 내는 것이 일반적이다. 중요한 것은 기업 경영자를 비롯한 임직원들이 AI를 경쟁자가 아닌 동반자로 인식하고, 이를 효과적으로 활용할 수 있는 능력을 기르는 것이다.

중소기업과 소상공인의 AI 활용 전략

대기업에 비해 자원과 인력이 제한된 중소기업과 소상공인에게도 AI는 새로운 기회를 제공한다. 오히려 의사결정 구조가 단순하고 변화에 빠르게 대응할 수 있는 중소기업의 특성은 AI 도입과 활용에 유리한 조건이 될 수 있다.

중소기업은 제한된 자원으로 최대 효과를 얻기 위해 전사적인 AI 시스템 구축보다는 즉시 효과를 볼 수 있는 분야부터 단계적으로 접근하는 것이 효과적이다. 즉 중소기업은 고객 응대 챗봇, 마케팅 콘텐츠 생성, 재고 관리 최적화 등 비교적 간단하면서도 효과가 큰 영역부터 시작해 점진적으로 확대해 나가는 전략이 필요하다.

특히 전통 산업에 종사하는 기업에 AI는 디지털 전환의 새로운 기회를 제공한다. 예를 들어, 전통 제조업체가 AI를 활용해 생산 공정을 최적화하고, 소매업체가 AI 기반 재고 관리 시스템을 도입해 비용을 절감하는 등의 사례가 늘어나고 있다.

소상공인도 생성형 AI를 활용하면 마케팅, 고객 관리, 업무 효율화 등의 차원에서 큰 도움을 받을 수 있다. 월 몇만 원의 구독료로 전문적인 마케팅 문구를 작성하고, 고객 문의에 즉시 응답하며, 매출 분석까지 할 수 있는 시대가 되었다.

전술한 바와 같이 기업 경영자를 비롯한 임직원이 생성형 AI를 활용해 업무를 추진하면 생산성을 크게 제고할 수 있다. 매출 증대 및 원가 절감 등 기업이 당면한 경영 이슈들을 해결하기 위해 다음과 같은 절차를 따른다면 기대한 성과를 거둘 수 있다. 필자는 이를 기업 경영자를 비롯한 임직원들에게 천기누설이라고 말하기도 한다.

경영자가 생성형 AI를 활용하는 절차를 예시해 보면, 다음과 같다.

첫째, PC나 스마트폰을 켠다.

둘째, 예를 들면 챗지피티를 접속해 프롬프트 창(질문하는 창)을 연다. 물론 제미나이나 클로드 또는 본인이 사용하고 있는 생성형 AI를 접속해도 된다.

셋째, 기업 경영자가 해결하기를 희망하는 당면한 경영 이슈에 대한 해결책을 제시해 달라고 챗지피티 프롬프트 창에 입력한다. 또는 기업 경영자가 챗지피티에게 해당 기업에서 발생할 수 있는 주요 이슈 10개를 제시해 달라고 해도 된다. 처음 10개 중 기업이 당면한 주요 이슈가 없으면 챗지피티에게 추가로 이슈 10개를 더 도출해 달라고 한다. 이러한 과정을 거치면 해당 기업이 당면한 이슈를 선정할 수 있다.

넷째, 기업 경영자가 선정한 경영 이슈에 대해 챗지피티에게 해결 방안 10개를 제시해 달라고 한다. 챗지피티가 1단계로 제시해 준 해당 기업 이슈 해결 방안 중에서 기업 경영자가 마음에 드는 것이 없으면 챗지피티에게 2단계, 3단계 계속 추가 질문을 해 나간다. 기업 경영자가 원하는 방안이 나오면 해당 방안에 대한 이슈 해결 세부 실행 계획을 챗지피티에게 추가로 작성해 달라고 요청한다.

다섯째, 기업 경영자가 챗지피티가 제안해 준 내용을 기업 실정에 적합하게 조정한 후 실행해 나간다. 그리고 실행한 결과를 목표 대비 실적과 함께 챗지피티에게 일별, 주별, 월별, 분기별, 반기별 등 주기적으로 문의해 추가로 대안을 제시해 달라고 한다. 예를 들면, 기업이 실행한 결과, 실적이 목표에 미달할 경우, 또는 실적이 목표를 초과할 경우, 챗지피티에게 그 원인을 분석하고 대책을 제시해 달라고 요청한 후 다시 실행한다.

여섯째, 기업 경영자가 이러한 과정을 이슈의 특성에 따라 적합한 주기, 즉 일별, 주별, 월별, 분기별, 반기별로 반복해 나가면서 기업의 이슈를 하나씩 해결해 나간다면 기업의 생산성을 제고하고 주요 이슈인 매출액 및 순이익 증대, 고객 확대, 불량률 인하, 원가 절감, 기술력 향상 등 기업 주요 목표를 달성할 수 있다.

일곱째, 위와 같은 과정을 통해 기업 경영자를 비롯한 임직원의 생성형 AI 활용 경험과 노하우가 기업 내에 축적되고 조직 문화로 정착된다면, 기업은 생성형 AI 활용 디지털 전환을 촉진해 기업의 미션과 비전을 달성하는 데 소요되는 시간과 자원을 대폭 절약할 수 있을 것이다.

필요할 경우 생성형 AI에게 원하는 목표, 예를 들면 '우리 기업 소개를 한 후, 내년에 매출을 30% 늘리는 방법과 구체적인 실행 계획을 챗지피티에게 작성해 달라고 요청하려는데 질문을 만들어 주세요'라고 요청한 후, 챗지피티가 관련 질문을 만들어 주면 복사해 챗지피티 프롬프트 창에 붙여 넣기 해 답변을 받으면 기존의 일반적인 질문 방식보다 충실한 답변을 받을 수 있다.

앞으로 기업 임직원들이 이러한 과정을 통해 업무를 추진해 나간다면 기존의 방법보다 생산성을 대폭 높일 수 있고, 업무 성과의 품질을 크게 제고할 수 있다. 생성형 AI의 성능이 나날이 발전하고 있어서 기업 임직원들이 발전된 생성형 AI를 계속 활용해 나간다면 업무의 질적 양적 수준이 한층 더 높아질 것이다.

기업들이 이러한 생성형 AI를 성공적으로 도입해 활

용하기 위해서는 다음과 같은 준비를 하는 것이 바람직하다.

첫째, 기업은 AI 리터러시(Literacy)를 강화해야 한다. 기업의 모든 임직원이 AI의 기본 개념, 작동 원리, 그리고 활용 방안에 대한 이해를 높여야 한다. 이를 위해 기업은 정기적인 AI 교육 프로그램과 워크숍을 운영하고, 실제 업무에 AI를 적용해 볼 수 있는 기회를 제공해야 한다. 단순한 지식 전달을 넘어, AI를 활용해 문제 해결 능력을 키우는 실질적인 교육이 필요하다.

둘째, 기업은 양질의 데이터 인프라를 구축해야 한다. AI는 학습 데이터의 품질에 따라 성능이 크게 좌우된다. 따라서 기업은 내부 데이터를 체계적으로 수집, 정리, 관리하고, 필요한 경우 외부 데이터를 확보해 AI 모델 학습에 활용할 수 있는 견고한 데이터 인프라를 구축해야 한다. 또한 데이터 거버넌스(Governance)를 확립하고, 데이터 보안 및 프라이버시(Privacy) 보호에 대한 철저한 준비도 동반되어야 한다.

셋째, 기업은 유연하고 실험적인 조직 문화를 조성해야 한다. AI 도입은 단순히 새로운 도구를 사용하는 것을 넘어, 업무 방식과 사고 방식의 변화를 요구한다. 기업은 실패를 두려워하지 않고 새로운 시도를 장려하며, AI

기술을 업무에 적극적으로 접목하려는 개방적인 조직 문화를 구축하는 것이 중요하다. 기업 경영자의 강력한 리더십과 지원이 필수적이며, 부서 간의 협업을 장려해 AI 기반 혁신이 전사적으로 확산될 수 있도록 해야 한다.

넷째, 기업 임직원들은 AI 윤리 및 법적 고려 사항에 대해 충분히 이해하고 있어야 한다. 기업은 AI 활용 시 발생할 수 있는 개인정보 보호 문제, 저작권 침해, 편향성, 오정보 생성 등의 윤리적, 법적 문제에 대한 명확한 지침을 수립하고 준수해야 한다. 투명하고 공정한 AI 활용은 기업의 신뢰도를 높이고 지속 가능한 성장을 이루기 위한 필수 조건이다. 기업은 AI 시스템의 의사 결정 과정을 투명하게 공개하고, 잠재적인 편향성을 지속적으로 모니터링하며, 사용자 데이터 보호를 위한 강력한 보안 체계를 마련해야 한다.

다섯째, 기업은 파일럿 프로젝트(Pilot Project)를 통해 점진적으로 AI를 도입해야 한다. 모든 업무에 한꺼번에 AI를 도입하기보다는, 특정 부서나 업무에 AI를 시범적으로 적용해 경험을 축적하고 성공 사례를 발굴하는 것이 효과적이다. 이를 통해 기업은 AI 도입의 효과를 검증하고, 발생 가능한 문제점을 미리 파악해 전사적 확산을 위한 기반을 마련할 수 있다. 성공적인 파일럿 프로젝트는 다른 부서의 AI 도입 의지를 고취하는 촉매제가 될 것이다.

이 책의 구성과 활용 방안

이 책은 AI 기술에 대한 복잡한 이론보다는 기업 현장에서 즉시 활용할 수 있는 실용적인 방법론에 중점을 두고 구성되었다. 총 10개 장으로 구성된 이 책은 AI 기반 비즈니스 창출 전략부터 시작해 경영 기획, 마케팅과 고객 관리, 생산 관리, 공급망 관리, 인적 자원 관리, 재무 관리, 기술 개발과 조직 문화, AI 도입 실행 전략, 그리고 효과 측정 및 지속 가능 경영까지 기업 경영의 모든 영역을 다루고 있다. 각 장의 주요 내용들은 기업의 가치 사슬에서 꼭 필요한 내용들로 우리 기업들이 어려운 국내외 경영 환경을 극복하는 데 AI를 활용하면 기대한 성과를 거둘 수 있는 부문들이다.

장마다 구체적인 사례와 단계별 실행 방안을 제시해 독자들이 자신의 상황에 맞게 적용할 수 있도록 구성했다. 특히 복잡한 기술 용어보다는 경영자를 비롯한 임직원들이 쉽게 이해할 수 있는 언어로 설명해 접근성을 높였다.

기업 경영자는 전략적 관점에서 AI 도입 로드맵을 수

립하는 데 활용할 수 있고, 기획자와 실무자는 각자의 업무 영역에서 AI를 구체적으로 활용하는 방법을 찾을 수 있다. 취업 준비생들은 기업의 AI 활용 트렌드를 이해해 취업 경쟁력을 높일 수 있으며, 교수와 컨설턴트는 교육과 자문 활동의 참고 자료로 활용할 수 있다.

AI 시대에 성공하는 기업이 되기 위해서는 기술을 이해하는 것만으로는 충분하지 않다. 기업의 목표와 상황에 맞는 AI 활용 전략을 수립하고, 이를 체계적으로 실행할 수 있는 역량이 필요하다. 이 책이 독자 여러분의 AI 활용 경영 여정에 실질적인 도움이 되기를 바라며, 이를 통해 더 많은 기업이 AI 시대의 진정한 승자가 되기를 기대한다.

변화는 이미 시작되었다. 이제 어떻게 변화에 대응할 것인지를 결정할 때다. 여러분 기업이 각 장에서 설명하는 AI 활용 방법을 '계획, 실행, 점검, 조치'의 4단계를 반복하며 지속적으로 개선하는 피디시에이(Plan, Do, Check, Act, PDCA) 절차에 따라 차질 없이 실천한다면 목표로 하는 성과를 거둘 수 있을 것이다. 우리 기업들이 이 책과 함께 AI 기반 경영 혁신의 첫걸음을 시작하기를 바란다.

마지막으로 이 책을 집필할 수 있도록 기회를 주신 커

뮤니케이션북스(주) 박영률 대표 이사님과 집필하는 데 많은 도움을 주신 박서희 편집자님께 심심한 감사의 말씀을 드립니다.

참고문헌

국가직무능력표준, https://www.ncs.go.kr/index.do
위키백과, https://ko.wikipedia.org/wiki/
제미나이, https://gemini.google.com/
챗지피티, https://chatgpt.com/
클로드, https://claude.ai

01
기업의 AI 활용 비즈니스 창출 전략

국내외 경영 환경의 악화로 우리 기업들의 경쟁력 강화가 절실한 실정이다. AI는 기업의 제품이나 서비스 경쟁력을 제고할 수 있는 강력한 도구다. 특히 2022년 이후 등장한 챗지피티, 제미나이, 클로드 등 생성형 AI는 매출 확대, 수익 증가 등 경영 성과를 한 단계 더 높이는 수단이 되고 있다. AI를 활용하는 기업이 그렇지 않은 기업을 대체할 것으로 전망된다.

기후 위기와 인공지능?

AI가 기업 경영에 미치는 영향

인공지능은 기업의 모든 경영 활동에 근본적인 변화를 가져오고 있다. 특히 챗지피티, 제미나이, 클로드 등 생성형 AI의 출현으로 과거 정보화 및 디지털화와는 차원이 다른 전면적인 변혁이 진행되고 있으며, 이는 기업의 생존과 성장에 직접적인 영향을 미치고 있다.

첫째, AI는 기업의 의사 결정 프로세스를 혁신하고 있다. 전통적인 기업 의사 결정은 경영진의 경험과 직감, 제한된 데이터 분석에 의존해 왔다. 하지만 AI는 방대한 데이터를 실시간으로 분석해 예측이 가능한 시나리오를 제시하고, 각 선택지의 위험과 기대 효과를 정량적으로 평가할 수 있게 해 준다. 이는 의사 결정의 정확도를 높이고 시간을 단축해 기업의 민첩성을 크게 향상한다.

둘째, AI는 기업 조직 운영의 효율성을 극대화하고 있다. AI는 조직 내 업무 흐름을 최적화하고 불필요한 프로세스를 제거해 기업이 조직을 보다 생산적으로 운영할 수 있게 하고 있다. 특히 반복적이고 규칙적인 업무는 AI가 담당하고, 인간은 창의적이고 전략적인 업무에 집중할 수 있게 되어 전체적인 생산성이 향상된다. 이는 단순히 비용 절감을 넘어 조직의 혁신 역량을 강화하는 효과를 가져온다.

셋째, AI는 고객 경험을 개인화하고 고도화하고 있다. AI는 고객 개개인의 행동 패턴, 선호도, 구매 이력 등을 분석해 기업이 맞춤형 서비스를 제공할 수 있게 해 준다. 이는 고객 만족도를 높이고 충성도를 강화해 장기적인 수익성 향상에 기여한다. 또한 24시간 365일 고객 응대가 가능한 AI 시스템은 고객 서비스의 질적 향상과 함께 운영 비용 절감 효과도 가져온다.

넷째, AI는 기업이 새로운 비즈니스 모델을 창출할 수 있게 하고 있다. AI는 이전에 불가능했던 새로운 비즈니스 모델을 가능하게 한다. 예를 들어, 구독 기반 AI 서비스, 데이터 기반 컨설팅, 예측 분석 서비스 등 인공지능을 활용한 새로운 수익 모델이 속속 등장하고 있다. 이는 기업의 수익 다각화와 지속 가능한 성장을 위한 새로운 기회를 제공한다.

기업이 AI를 활용해 경영 성과를 높이기 위해 다음과 같은 과정을 시행하는 것이 중요하다.

첫째, 기업은 내부 현황을 분석하고 체계화해야 한다. 기업이 AI를 전략적으로 활용하기 위해서는 먼저 자사의 현재 상황을 정확히 파악해야 한다. AI는 기업 내부의 다양한 데이터를 통합 분석해 숨겨진 패턴과 인사이트를 도출한다. 또한 기업은 인적 자원 현황을 분석해야 한다. AI는 직원들의 업무 수행 패턴, 역량 수준, 성과 지표 등을 종합적으로 분석해 조직 운영의 비효율성을 찾아낸다. 예를 들어, 특정 부서의 업무 부하가 과도하거나, 역량과 업무의 불일치가 발생하는 구간을 정확히 파악할 수 있다. 그리고 기업은 재무 상황을 분석해야 한다. AI는 단순한 재무제표 검토를 넘어 현금 흐름 패턴, 수익성 분석, 비용 구조 최적화 등을 통해 재무 건전성을 종합적으로 평가한다. AI는 복잡한 재무 데이터 간의 상관관계를 분석해 잠재적 위험을 사전에 감지하고 대응 방안을 제시해 준다. 기업은 운영 프로세스를 분석해야 한다. AI는 생산, 구매, 물류, 고객 서비스 등 각 부문의 효율성을 측정하고 병목 구간을 식별한다. 기업은 이를 통해 프로세스 개선 우선순위를 정하고 구체적인 개선 방안을 도출할 수 있다.

둘째, 기업은 외부 환경 분석 방법을 고도화시켜야 한다. AI는 기업 외부 환경 분석 시 기존 방법론을 크게 개선한다. 시장 동향 분석에서 AI는 뉴스, 소셜 미디어, 업계 보고서 등 다양한 정보원을 실시간으로 모니터링하고 분석해 시장 변화를 조기에 감지한다. 또한 기업은 경쟁사를 분석해야 한다. AI는 공개된 정보를 체계적으로 수집하고 분석해 경쟁사의 전략 변화, 신제품 출시 계획,

마케팅 전략 등을 파악할 수 있다. 이는 자사의 경쟁 전략 수립에 중요한 정보를 제공한다. 그리고 기업은 고객을 체계적으로 분석해야 한다. AI는 고객 행동 패턴, 선호도 변화, 불만 사항 등을 실시간으로 분석해 고객 요구의 변화를 빠르게 파악한다. 기업은 이를 통해 제품과 서비스 개선 방향을 설정하고 고객 만족도를 지속적으로 향상할 수 있다.

셋째, 기업은 문제점을 식별하고 우선순위를 설정해야 한다. AI 분석을 통해 도출된 다양한 문제점을 체계적으로 분류하고 우선순위를 설정하는 것이 중요하다. AI는 각 문제점의 심각도, 해결 가능성, 비용 효과성 등을 종합적으로 평가해 최적의 해결 순서를 제시해 준다.

AI를 활용한 제품과 서비스 경쟁력 강화

기업은 AI를 활용해 제품과 서비스의 종합 경쟁력을 강화하기 위해 다음과 같은 방향으로 전략을 수립하는 것이 중요하다.

첫째, 기업이 AI 기반 제품 혁신 전략을 수립하는 것이다. 제품 개발에서 AI는 기획부터 출시까지 전 과정에서 혁신을 가능하게 한다. 제품 기획 단계에서는 고객 데이터와 시장 트렌드를 분석해 성공 확률이 높은 제품 콘셉

트를 도출한다. AI는 과거 성공 제품의 패턴을 학습하고 현재 시장 상황과 결합해 최적의 제품 사양을 제안할 수 있다. 연구 개발 단계에서는 AI가 방대한 기술 데이터베이스를 분석해 혁신적인 기술 조합을 제안하고, 시뮬레이션을 통해 제품 성능을 미리 검증할 수 있다. 이는 개발 시간과 비용을 크게 절약하면서도 제품의 품질을 향상하는 효과를 가져온다. 품질 관리에서는 AI 기반 검사 시스템이 인간의 육안 검사보다 훨씬 정확하고 일관성 있는 품질 관리를 가능하게 한다. 특히 제조업에서는 AI 비전 시스템을 활용해 불량품을 실시간으로 감지하고 제거할 수 있어 품질 향상과 동시에 비용 절감 효과를 얻을 수 있다.

둘째, 기업이 AI 서비스 혁신을 통해 경쟁력을 강화하는 것이다. 서비스 부문에서 AI는 고객 경험의 질적 수준을 높인다. 개인화된 서비스 제공이 대표적인 예다. AI는 고객의 과거 이용 패턴, 선호도, 현재 상황 등을 종합적으로 분석해 각 고객에게 최적화된 서비스를 제공할 수 있다. 예측 서비스 공급 전략 차원에서 보면, 기업은 AI의 강력한 예측 능력을 활용해 고객이 필요로 하기 전에 미리 서비스를 제공하는 것이다. 예를 들어, 고객의 구매 패턴을 분석해 재주문 시기를 예측하고 미리 안내

하거나, 기계 장비의 고장을 사전에 예측해 예방 점검 서비스를 제공하는 것이다.

셋째, 기업은 AI를 활용해 경쟁 우위를 확보하기 위한 전략을 수립해야 한다. 이를 위해 먼저 데이터 기반 경쟁 우위 인프라를 구축해야 한다. AI 시대에 가장 중요한 경쟁력은 데이터다. 기업은 다양한 채널을 통해 수집한 데이터를 체계적으로 관리하고 분석해 독특한 인사이트를 도출해야 한다. 이는 경쟁사가 쉽게 모방할 수 없는 고유한 경쟁력이 된다. 또한 기업은 AI에 기반해 운영 효율성을 극대화해야 한다. 운영 효율성은 AI 활용의 가장 직접적인 성과 영역이다. 기업은 AI를 활용해 운영 프로세스를 지속적으로 최적화하고, 비용을 절감하며, 생산성을 향상할 수 있다.

넷째, 기업이 AI를 활용해 혁신적 비즈니스 모델을 개발하는 것이다. AI는 기존에 불가능했던 새로운 비즈니스 모델을 가능하게 한다. 기업은 AI 기술을 활용해 새로운 수익원을 창출하고, 기존 사업의 한계를 극복할 수 있는 혁신적인 모델을 개발해야 한다.

AI 활용 새로운 비즈니스 창출 전략

기업이 AI를 활용해 새로운 비즈니스를 창출하기 위해

서는 다음과 같은 전략을 적극적으로 추진하는 것이 바람직하다.

첫째, AI를 활용해 AI 기반 신사업 기회를 발굴하는 것이다. 기업은 AI 기술을 활용해 기존 사업 영역을 확장하거나 완전히 새로운 사업 영역에 진출할 수 있다. 이를 위해서는 체계적인 기회 발굴과 평가 프로세스가 필요하다. 또한 기업은 시장 갭 분석을 통해 현재 시장에서 충족되지 않는 고객 니즈를 파악하고, AI 기술로 이를 해결하는 방안을 모색해야 한다. 예를 들어, 개인화된 건강 관리 서비스, 예측 기반 유지 보수 서비스, 지능형 금융 상품 등이 새로운 사업 기회가 될 수 있다. 그리고 AI 기술 융합을 통해 새로운 가치를 창출하는 것도 중요한 전략이다. 기업은 AI와 사물 인터넷, 블록체인, 빅데이터 등 다른 기술을 결합해 전에 없던 새로운 서비스나 제품을 개발할 수 있다.

둘째, AI를 활용해 파트너십과 생태계를 구축하는 것이다. 기업이 AI 기반 신사업 성공을 위해 단독으로 모든 것을 해결하려 하기보다는 전략적 파트너십을 구축하는 것이 효과적이다. 특히 AI 기술 전문 기업, 데이터 제공업체, 유통 파트너 등과의 협력을 통해 신속하고 효율적인 사업 추진이 가능하다. 또한 기업이 오픈 이노베이션 접근법을 통해 외부의 혁신적인 아이디어와 기술을 적극적으로 도입하고, 내부 역량과 결합해 새로운 비즈니스 모델을 창출할 수 있다. 이는 위험을 분산하면서도 혁신 속도를 높이는 효과를 가져온다.

셋째, AI를 활용해 단계적 확장 전략을 수립해 추진하는 것이다. 새로운 AI 기반 비즈니스는 처음부터 큰 규모로 시작하기보다는 작은 규모에서 시작해 점진적으로 확장하는 것이 안전하다. 기업은 파일럿 프로젝트를 통해 비즈니스 모델을 검증하고, 성공 요인을 파악한 후 본격적인 확장에 나서야 한다. 또한 고객 피드백을 지속적으로 수집하고 분석해 서비스를 개선하고, 시장 반응을 보면서 사업 규모를 조정하는 것이 중요하다. 이는 실패 위험을 최소화하면서도 성공 확률을 높이는 효과적인 접근법이다.

AI 기반 비즈니스 창출은 기업의 미래 성장을 위한 필수 전략이다. 하지만 성공을 위해서는 철저한 준비와 체계적인 접근이 필요하다. 기업은 자사의 역량과 시장 상황을 정확히 파악하고, 이를 바탕으로 실현 가능한 AI 활용 전략을 수립해야 한다.

02
AI 도입을 위한 전략적 경영 기획

기업들은 경영 기획 업무에 생성형 AI를 활용해 시장 변화 예측의 정확도 향상, 보고 자료의 자동화 및 효율화, 반복 업무의 시간 절감 및 생산성 향상, 경영 전략 수립의 정량적 근거 확보, 데이터 기반 의사 결정 역량 강화, 위험 조기 탐지 및 대응력 향상, 창의적 대안 도출 브레인스토밍, 시나리오 기반 미래 계획 수립 역량 강화 등의 성과를 거두고 있다.

노래하는 AI 보컬?

AI 도입의 성공적인 경영 기획

기업 경영 기획은 인공지능의 확산으로 인해 일반적인 기획 업무를 넘어 전략적 의사 결정의 핵심 영역으로 발전하고 있다. 특히 챗지피티, 제미나이, 클로드 등 생성형 AI의 등장으로 경영 기획 업무 전반에 혁신적인 변화가 일어나고 있다.

기업들은 생성형 AI를 기업 경영 전략 수립 및 시나리오 플래닝, 국내외 시장 및 경쟁 분석, 단기 및 중장기 재무 계획 및 예측, 핵심 성과 지표 설정 및 성과 분석, 경영 보고서 작성, 경영 회의 자료 생성, 기업 경영 위험 분석 및 시뮬레이션, 생성형 AI 기반 의사 결정 지원 문서 초안 작업 등 경영 기획 업무 전반에 걸쳐 다양하게 활용해 성과를 거두고 있다. 기업의 경영 기획 업무에 생성형 AI를 잘 활용하는 것은 선택이 아닌 필수가 되고 있다.

경영 기획 단계에서 AI 도입은 단순히 새로운 기술을 채택하는 것이 아니다. 기업의 비전과 전략을 AI 기술과 융합해 새로운 가치를 창출하고, 변화하는 시장 환경에 능동적으로 대응할 수 있는 조직 역량을 구축하는 것이다. 이는 기업의 경쟁력을 결정짓는 핵심 요소로, 체계적이고 전략적인 접근이 필요하다.

경영 전략 기획 및 수립 단계에서 AI 기술을 효과적으로 도입하기 위해 기업은 다음과 같은 과제를 수행하는 것이 바람직하다.

첫째, 기업은 먼저 명확한 목표를 설정해야 한다. 이를 위해 AI 도입 목표가 비즈니스 목표와 연계성을 갖고 있어야 한다. AI 도입이 기업의 매출 증대, 비용 절감, 고객 만족도 향상, 운영 효율성 제고 등 구체적인 비즈니스 목표에 어떻게 기여할 수 있는지를 명확히 정의해야 한다. 예를 들어, 제조업의 경우, 생산성 향상과 품질 개선을, 서비스업의 경우, 고객 경험 개선과 개인화 서비스 제공을 AI 도입의 주요 목표로 설정할 수 있다.

그리고 AI 도입 목표는 AI 도입의 성공 여부를 객관적으로 평가할 수 있는 측정 가능한 핵심 성과 지표로 설정해야 한다. 지표에는 투자 수익률(ROI), 업무 처리 시간 단축률, 오류 감소율, 고객 만족도 개선율 등 정량적 지표와 직원 만족도, 혁신 문화 조성 등 정성적 지표를 모두 포함해야 한다.

둘째, 기업은 AI 도입 현황을 분석하고 준비 수준을 평가해야 한다. AI 도입을 위한 기업의 준비 수준을 객관적으로 평가하는 것은 성공적인 AI 전략 수립의 기초다. 생성형 AI를 활용해 데이터 인프라 현황을 분석할 수 있다. 또한 조직 역량 및 문화도 평가할 수 있다. 생성형 AI에게 "AI 도입에 필요한 조직 역량 진단 체크리스트를 만들어 주세요"라고 요청하면, 기술적 역량, 변화 관리 역량, 리더십 역량 등을 체계적으로 평가할 수 있는 도구를 얻을 수 있다.

기업의 AI 기반 운영 전략

기업이 경영 전략 기획 및 수립 단계에서 AI를 효과적으로 도입하기 위해서는 다음과 같은 운영 전략을 수립 추진해 나가는 것이 필요하다.

첫째, 기업은 기존 운영 전략에 AI를 효과적으로 통합하기 위해서는 기존 운영 모델을 AI 중심으로 재설계해야 한다. 이는 단순히 기존 프로세스에 AI 도구를 추가하는 것이 아니라, AI의 특성을 활용해 운영 프로세스 자체를 혁신하는 것을 의미한다. 이를 위해 기업은 생성형 AI를 활용해 반복적이고 규칙적인 업무를 자동화하고, 복잡한 의사 결정 과정을 지원하는 시스템을 구축해야 한다.

그리고 기업은 인간-AI 협업 모델을 구축해야 한다. AI가 인간의 업무를 대체하는 것이 아니라 보완하고 강화하는 협업 모델을 설계해야 한다. 이는 AI가 데이터 분석과 패턴 인식을 담당하고, 인간이 창의적 사고와 전략적 판단을 담당하는 역할 분담을 통해 시너지 효과를 극대화하는 것이다.

둘째, 기업은 단계별 도입 전략을 추진해야 한다. AI 도입을 한 번에 모든 영역에 적용하기보다는 단계적으로 접근하는 것이 효과적이다. 이를 통해 위험을 최소화하고 조직의 학습 곡선을 고려한 점진적 변화를 추진할 수 있다. 먼저 기업이 파일럿 프로젝트 단계를 추진하는 것이다. 특정 부서나 업무 영역에서 소규모 AI 프로젝트를 시작해 성과를 검증하고 노하우를 축적해야 한다. 그리고 확산 및 통합 단계를 추진하는 것이다. 파일럿 프로젝트의 성과를 바탕으로 다른 부서로 AI 도입을 확산하고, 부서 간 연계를 통해 시너지 효과를 창출해야 한다. 이 과정에서 AI는 부서 간 협력 방안 수립, 통합 프로세스 설계 등에 활용될 수 있다.

기업은 AI를 활용해 다음과 같은 방법으로 경영 위험을 예측하고 대응할 수 있다. 먼저 위험을 식별하고 분석해야 한다. 현대 기업 환경에서 경영 위험은 다양하고 복잡한 형태로 나타난다. AI는 이러한 위험을 조기에 식별하고 분석하는 데 강력한 도구가 될 수 있다. 그리고 기업은 위험을 식별한 후에는 각 위험에 대한 구체적인 대응 전략을 수립해야 한다. AI는 이러한 전략 수립 과정에서 다양한 관점과 아이디어를 제공할 수 있다.

체계적인 AI 도입 로드맵 수립

기업이 AI를 효과적으로 도입하기 위해서는 다음과 같이 체계적으로 AI 도입 로드맵을 수립해 추진해야 한다.

첫째, 기업은 AI 도입을 위한 단계별 구현 계획을 수립해야 한다. AI 도입을 위한 구체적인 로드맵은 기업의 현재 상황과 목표를 고려해 단계별로 수립되어야 한다. 이는 기술적 측면뿐만 아니라 조직 문화, 인력 개발, 인프라 구축 등을 종합적으로 고려한 계획이어야 한다.

1단계는 기반 구축(소요 기간 0~6개월) 단계다. 이 단계에서 기업은 AI 도입을 위한 기본 인프라와 조직 체계를 구축해야 한다. 여기에는 데이터 수집 및 정제 시스템 구축, AI 전담 조직 신설, 직원 교육 프로그램 개발 등이 포함된다. 기업은 생성형 AI에게 "AI 도입 초기 단계에서 필요한 체크리스트를 만들어 주세요"라는 요청을 통해 구체적인 실행 계획을 수립할 수 있다.

2단계는 파일럿 실행(소요 기간 6~12개월) 단계다. 기업은 선정된 영역에서 AI 파일럿 프로젝트를 실행하고 성과를 측정한다. 이 과정에서 얻은 경험과 노하우를 바탕으로 다음 단계의 확산 계획을 수정하고 보완해야 한다. 기업은 생성형 AI에게 "파일럿 프로젝트 성과 평가 기준을 제안해 주세요" 같은 질문을 통해 프로젝트에 대한 객관적인 평가 체계를 구축할 수 있다.

3단계는 확산 및 통합(소요 기간 12~24개월) 단계다. 기업은 파일럿 프로젝트의 성과를 바탕으로 AI 적용 영역을 확대하고 부서 간 연계를 강화해야 한다. 이 단계에서는 AI 기반 업무 프로세스가 조직 전반에 정착되고, 데이터 기반 의사 결정 문화가 확산된다.

둘째, 기업은 AI 도입 로드맵의 성공적인 실행을 위해 성공 요인과 장애 요인을 미리 파악하고 대응 방안을 마련해야 한다.

성공 요인을 예를 들면, 경영진의 강력한 지원과 리더십, 충분한 예산과 자원 확보, 직원들의 적극적인 참여와 협력, 명확한 목표와 성과 지표 설정, 지속적인 모니터링과 개선 등이다.

장애 요인을 예를 들면, 직원들의 변화 저항, 기술적 역량 부족, 데이터 품질 문제, 보안 및 개인정보 보호 우려 등이다. 이에 대한 대응 방안을 예시해 보면, 체계적인 변화 관리 프로그램, 지속적인 교육 및 훈련, 데이터 거버넌스 체계 구축, 보안 정책 수립 등이다.

기업은 생성형 AI를 도입할 때, 다음과 같이 조직 변화 관리 및 역량 개발 업무를 추진해야 한다. 먼저 기업은 AI를 성공적으로 도입하기 위해 기술적 구현뿐만 아니라 조직 문화를 혁신해야 한다. 여기에는 데이터 기반 의사 결정 문화, 실험과 학습을 장려하는 문화, 협업과 소통을 중시하는 문화 등이 포함된다. 그리고 기업은 인력을 개발하고 교육을 시행해야 한다. AI 도입의 성공을 위해 직원들의 AI 리터러시를 향상하고, AI와 함께 일할 수 있는 역량을 개발해야 한다.

경영 기획 단계에서 다음과 같은 투자 계획 및 예산 수립도 필요하다. 먼저 AI 도입에 필요한 투자 비용을 정확히 산정하고, 투자 대비 효과를 분석하는 것이 중요하다. 이는 기술 도입 비용뿐만 아니라 인력 개발, 조직 변화, 운영 비용 등을 포함한 총비용을 고려해야 한다. 그리고 제한된 예산을 효율적으로 활용하기 위해 투자 우선순위를 명확히 해야 한다. 이때 AI 도입의 기대 효과, 구현 난이도, 위험 수준 등을 종합적으로 고려해 결정해야 한다.

결론적으로 보면, 기업의 AI 도입을 위한 경영 기획은 단순한 기술 도입을 넘어 미래 경쟁력을 결정하는 전략적 과제다. 성공적인 AI 도입을 위해서는 명확한 목표 설정, 체계적인 계획 수립, 조직 문화 혁신, 인력 개발, 적절한 투자 등이 종합적으로 고려되어야 한다.

AI는 이러한 기획 과정에서 강력한 도구로 활용될 수 있다. 위험 분석, 전략 수립, 계획 작성, 교육 프로그램 개발 등 다양한 영역에서 생성형 AI의 도움을 받아 보다 효과적이고 포괄적인 AI 도입 계획을 수립할 수 있다. 또한 기업은 AI 도입이 일회성 프로젝트가 아닌 지속적인 혁신 과정임을 인식해야 한다. 기술의 발전과 시장 환경의 변화에 따라 AI 전략을 지속적으로 검토하고 개선해 나가는 것이 중요하다. 이를 통해 기업은 AI 시대 변화에 능동적으로 대응하고, 지속 가능한 경쟁 우위를 확보할 수 있을 것이다.

기업의 AI 도입 성공은 기술적 완성도보다는 전략적 접근과 체계적인 실행에 달려 있다. 기업은 명확한 비전과 목표를 바탕으로 단계적이고 체계적인 접근을 통해 AI를 경영 전략에 성공적으로 통합할 수 있을 것이다.

03
AI 기반 성공적인 마케팅 전략

기업들은 마케팅 업무에 생성형 AI를 활용해 콘텐츠 제작 속도 및 효율성 향상, 고객 타기팅 정밀도 향상, 캠페인 퍼포먼스 예측 및 최적화, 운영 비용 절감 및 투자 수익률 향상, 브랜드 일관성 유지 및 메시지 품질 향상, 실시간 성과 모니터링 및 의사결정 지원, 다양한 캠페인 아이디어 도출, 업무 자동화를 통한 자원 절감 등의 성과를 거두고 있다.

인공지능과 편향?

AI 마케팅 시대의 패러다임 변화

마케팅(Marketing)은 시장 경제 또는 수요를 관리하는 경영학의 한 분야로, 소비자를 대상으로 고객을 창조하고 유지 관리함으로써 고정 고객으로 만드는 모든 활동 즉, 고객과 관련된 모든 활동을 의미한다.

현대 마케팅은 기존의 전통적인 마케팅 차원을 넘어 인공지능의 확산으로 인해 전략적 의사 결정의 핵심 영역으로 발전하고 있다. 특히 챗지피티, 제미나이, 클로드 등 생성형 AI의 등장으로 마케팅 업무의 효율성과 창의성이 동시에 향상되었다. 과거 마케팅 담당자가 수일에서 수주가 걸리던 작업이 이제는 몇 분 안에 완료될 수 있게 되었고, 개인화된 고객 경험 제공이 대규모로 가능해졌다.

기업들은 AI를 창의적인 콘텐츠 제작(SNS, 블로그, 광고 카피 등), 고객 세분화 및 타깃 마케팅, 마케팅 캠페인 기획 및 자동화, 광고 성과 분석 및 리포트 작성, 고객 여정 분석 및 페르소나 개발, 브랜드 모니터링 및 소셜 리스닝, 마케팅 전략 문서 및 브리프 작성 자동화, 생성형 AI 기반 브레인스토밍 및 카피 테스트, 데이터 기반 인사이트 도출 등 마케팅 활동 전체 업무에 다양하게 활용해 성과를 거두고 있다. 마케팅 업무에 생성형 AI를 활용하는 것은 선택이 아닌 필수가 되고 있다.

기업이 AI를 활용하고 있는 제품 기획 및 시장 조사 업무를 살펴보면 다음과 같다.

첫째, 제품 기획의 첫 단계인 시장 조사 업무에 생성형 AI를 활용하고 있다. 예를 들어, 새로운 건강식품을 출시하려는 기업은 다음과 같은 프롬프트를 활용할 수 있다. “202×년 건강식품 시장의 주요 트렌드 10가지를 분석하고, 트렌드별 시장 규모와 성장 가능성을 평가해 주세요. 특히 MZ세대를 타깃으로 하는 제품군에 집중해서 분석해 주세요”를 생성형 AI에게 요청할 수 있다. 이러한 질문을 통해 기업은 단시간 내에 종합적인 시장 분석 보고서의 초안을 얻을 수 있다. 또한 AI가 제공한 정보를 바탕으로 추가적인 심화 조사 방향을 설정할 수 있다.

둘째, 기업은 AI를 경쟁사 분석에도 유용하게 활용한다. 특정 업계의 주요 경쟁사들의 강점과 약점을 분석하고, 시장 내 포지셔닝을 파악하는 데 도움을 받을 수 있다.

셋째, 기업은 AI를 제품 아이디어 생성 및 검증 업무 추진 시 활용한다. AI는 브레인스토밍 파트너 역할을 훌륭히 수행한다. 제품 기획자는 AI와의 대화를 통해 새로운 아이디어를 발굴하고, 이를 체계적으로 정리할 수 있다.

그리고 기업은 AI를 다음과 같이 고객 데이터 분석 업무에 활용하고 있다.

첫째, 고객 세분화 및 페르소나 개발 시 활용하고 있다. AI는 방대한 고객 데이터를 분석해 의미 있는 고객 그룹으로 분류하고 시사점을 도출하는 데 탁월한 성과를 보인다. 기업은 고객의 구매 이력, 웹사이트 행동 패턴, 고객 서비스 상담 내용 등을 AI에 입력해 상세한 고객 페르소나를 개발할 수 있다.

둘째, 고객 생애 가치 예측 시 활용하고 있다. 생성형 AI는 고객의 과거 행동 데이터를 분석해 미래의 구매 가능성과 생애 가치를 예측할 수 있다. 이를 통해 기업은 마케팅 예산을 효율적으로 배분하고, 중요 고객에게 집중할 수 있다.

셋째, 이탈 고객 예측 및 고객 유지율 제고 전략 수립 시 활용하고 있다. AI는 고객의 행동 패턴 변화를 감지해 이탈 가능성이 높은 고객을 사전에 식별할 수 있다. 기업은 AI를 활용해 구매 빈도 감소, 웹사이트 방문 시간 단축, 고객 서비스 문의 내용 변화 등의 신호를 포착하고 이탈 가능성이 높은 고객에 대한 선제적인 대응이 가능하다.

AI 활용 맞춤형 마케팅 전략

기업은 AI를 활용해 다음과 같이 맞춤형 마케팅 광고 문안 제작 업무를 다양하게 추진하고 있다.

첫째, 개인화된 이메일 마케팅 업무에 활용하고 있다. AI는 개별 고객의 특성에 맞춘 이메일 제목과 본문을 자동으로 생성할 수 있다. AI는 고객의 구매 이력, 관심사, 인구통계학적 정보를 바탕으로 개인화된 메시지를 대량으로 생성하는 것이 가능하다. 이러한 개인화 전략을 통해 고객의 이메일 오픈율 및 클릭률을 수십 % 향상할 수 있다.

둘째, 소셜 미디어 광고 카피 최적화 업무에 활용하고 있다. 각 소셜 미디어 플랫폼의 특성에 맞는 광고 문안을 AI가 자동으로 생성할 수 있다. AI는 인스타그램의 시각적 특성, 페이스북의 정보 전달력, 틱톡의 트렌디함 등을 고려한 차별화된 메시지를 만들어 낸다.

셋째, A/B 테스트(두 가지 버전의 웹페이지, 앱 화면, 광고 등을 비교해 어떤 버전이 더 효과적인지 확인하는 방법) 문안 생성 업무에 활용하고 있다. AI는 동일한 제품이나 서비스에 대해 다양한 접근 방식의 광고 문안을 생성해 A/B 테스트를 효율적으로 수행할 수 있게 한다. AI는 감정적 어필과 논리적 어필, 할인 강조와 품질 강조 등 다양한 변수를 조합한 문안들을 생성한다.

기업은 AI를 활용해 다음과 같이 카드 뉴스 및 홍보 영상 제작 업무에 활용하고 있다.

첫째, AI 기반 카드 뉴스 제작 업무에 활용하고 있다. 카드 뉴스는 현대 마케팅에서 중요한 콘텐츠 형태 중 하나다. AI는 복잡한 정보를 시각적으로 이해하기 쉬운 카드 뉴스 형태로 변환하는 데 탁월한 능력을 보인다.

둘째, 동영상 스크립트 및 스토리보드 제작 업무에 활용하고 있다. 동영상 콘텐츠 제작 시 AI는 스크립트 작성부터 스토리보드 구성까지 전 과정을 지원한다.

셋째, 멀티미디어 콘텐츠 최적화 업무에 활용하고 있다. AI는 동일한 콘텐츠를 다양한 플랫폼에 맞게 최적화한다.

기업은 AI를 활용해 다음과 같이 업무용 챗봇 제작 업무에 다양하게 활용하고 있다.

첫째, 고객 상담 챗봇 구축 업무에 활용하고 있다. AI 기반 고객 상담 챗봇은 24시간 고객 서비스를 제공하면서도 인건비를 절약할 수 있는 효과적인 솔루션이다.

둘째, 개인화 상품 추천 시스템 구축 업무에 활용하고 있다. AI 챗봇은 고객의 구매 이력, 브라우징 패턴, 선호도를 분석해 개인화된 상품을 추천한다.

셋째, 마케팅 캠페인 성과 분석 어시스턴트 개발 업무에 활용하고 있다. AI 어시스턴트는 마케팅 캠페인의 성과를 실시간으로 분석하고 개선 방안을 제시한다.

AI 활용 마케팅 성과 제고 전략

기업이 AI를 활용해 마케팅 업무의 생산성을 향상한 사례를 보면 다음과 같다.

첫째, 콘텐츠 제작 시간을 단축한 사례다. 생성형 AI를 활용한 콘텐츠 제작은 기존 대비 70~80%의 시간을 절약할 수 있다. 한 마케팅 에이전시는 생성형 AI를 도입한 후 블로그 포스트 작성 시간을 평균 4시간에서 1시간으로 단축했고, 이를 통해 더 많은 고객 프로젝트를 수행할 수 있었다.

둘째, 마케팅 자료 템플릿을 자동화한 사례다. AI는 기업의 브랜드 가이드라인을 학습해 일관된 마케팅 자료를 자동으로 생성한다. AI는 제품 소개서, 고객 제안서 등의 템플릿을 자동으로 만들어 내며, 매번 새로운 내용에 맞춰 맞춤형으로 변경해 준다.

셋째, 다국어 마케팅 업무에 활용한 사례다. AI는 글로벌 마케팅을 위한 다국어 콘텐츠 제작 시에 단순한 번역을 넘어 현지화까지 지원한다. AI는 각 국가의 문화적 특성, 소비자 행동 패턴, 법적 규제 사항 등을 고려한 마케팅 메시지를 생성한다.

기업은 AI를 활용해 다음과 같이 다양하게 소비자 만족도를 향상하고 있다.

첫째, 실시간 고객 피드백 분석 업무에 활용하고 있다. AI는 고객 리뷰, 고객 서비스 상담 내용 등을 실시간으로 분석해 고객 만족도를 측정한다.

둘째, 고객 여정 최적화 업무에 활용하고 있다. AI는 고객의 전체 구매 여정을 분석해 각 단계에서의 불편 사항을 식별하고 개선 방안을 제시해 준다.

셋째, 예측적 고객 서비스 개발 업무에 활용하고 있다. AI는 고객 행동 패턴을 학습해 문제가 발생하기 전에 기업이 사전에 대응할 수 있게 정보를 제공해 준다.

기업이 AI를 활용해 얻을 수 있는 주요 마케팅 성과를 살펴보면 다음과 같다.

첫째, 데이터 기반 의사 결정을 할 수 있다. AI는 방대한 마케팅 데이터를 분석해 기업의 의사 결정을 지원한다. 기업은 감정적 판단이나 경험에 의존하던 기존 방식에서 벗어나, 데이터에 기반한 객관적이고 정확한 의사 결정이 가능하다.

둘째, 마케팅 투자 수익률을 최적화할 수 있다. AI는 각 마케팅 채널의 성과를 정확히 측정하고, 예산 배분을 최적화한다. AI는 실시간 성과 모니터링을 통해 효과가 낮은 채널에서 예산을 철수하고, 높은 채널에 집중 투자하는 전략을 기업에 제시해 준다.

셋째, 마케팅 자동화를 고도화할 수 있다. AI는 단순한 자동화를 넘어 지능형 자동화를 실현한다. AI는 고객의 행동에 따라 자동으로 개인화된 마케팅 메시지를 발송하고, 최적의 타이밍을 계산해 의사소통한다.

결론적으로 AI 기반 마케팅은 이제 선택이 아닌 필수가 되었다. AI를 활용한 마케팅 전략은 업무 생산성을 획기적으로 높이고, 고객 만족도를 제고하며, 마케팅 성과를 극대화할 수 있도록 한다. 기업은 마케팅 전략의 핵심 요소로 받아들여야 한다. 기업은 데이터 기반의 의사 결정, 개인화된 고객 경험, 실시간 최적화 등을 통해 경쟁 우위를 확보하고 지속 가능한 성장을 이룰 수 있다. AI 마케팅의 성공은 기술 도입 자체가 아니라, 기업의 전략적 사고와 실행 역량에 달려 있다. 기업은 충분한 준비와 체계적인 접근을 통해 AI 기반 마케팅을 추진해야 한다.

04
생산 관리에서의 AI 활용

기업들은 생산 관리 업무에 생성형 AI를 효과적으로 활용해 생산 효율성 향상 및 납기 안정화, 제품 품질 개선 및 불량률 감소, 생산 계획 수립 정확도 향상, 설비 가동률 및 예측 유지 보수 강화, 작업자 업무 부담 완화, 생산 비용 절감 및 자원 최적화, 데이터 기반 생산 의사 결정 지원, 현장 문제에 대한 실시간 대응 능력 강화 등의 성과를 거두고 있다.

청각장애인과 AI?

기업 생산 관리의 AI 활용 확산

기업의 생산 관리는 제품과 서비스의 경쟁력을 좌우하는 핵심 요소다. 글로벌 경쟁이 심화되고 고객의 요구가 다양해지면서, 기업들은 품질 향상과 동시에 생산 효율성을 극대화해야 하는 과제에 직면하고 있다.

생산 관리는 재화나 용역의 생산 공정 및 사업 운영을 설계하고 통제하는 것과 관련된 경영의 한 분야다. 현대 기업의 생산 관리는 전통적인 생산 관리 방식을 넘어 인공지능 기술, 특히 챗지피티, 제미나이, 클로드 등 생성형 AI의 출현으로 인해 혁신적인 변화가 일어나고 있다.

주요 기업들은 생성형 AI를 생산 계획 수립 및 수요 예측, 자재 소요 계획 및 재고 최적화, 설비 예지 보전, 품질 검사 및 불량 예측, 작업 지시서 자동 생성 및 공정 최적화, 생성형 AI 기반의 기술 문서와 작업 매뉴얼 작성, 생산성과 관련된 핵심 성과 지표 분석 및 자동 리포팅, 시뮬레이션 기반 공정 개선 및 디지털 트윈 등의 업무에 다양하게 활용해 성과를 거두고 있다. 생성형 AI는 다양한 영역에서 생산 관리자들에게 실질적인 도움을 제공하고 있다. 기업이 생산 관리 부문에 생성형 AI를 활용하는 것은 선택이 아닌 필수가 되고 있다.

기업은 AI를 불량률 원인 분석 및 인하 방안 수립 시 활용하고 있다. 기업의 기존의 품질 관리 방식은 주로 사후 점검과 경험에 의존한 원인 분석에 한정되어 있다. 불량품이 발생하면 품질 담당자가 육안 검사나 기본적인 통계 분석을 통해 원인을 파악하고 대책을 수립하는 방식이다. 이러한 접근법은 여러 가지 한계를 가지고 있는데, 먼저 복합적인 원인 분석의 어려움을 들 수 있다. 실제 생산 현장에서 불량은 온도, 습도, 원자재 품질, 설비 상태, 작업자 숙련도 등 다양한 요인이 복합적으로 작용해 발생한다. 인간의 분석 능력으로는 이러한 다차원적 데이터를 종합적으로 분석하기 어렵다. 그리고 시간 지연 문제를 들 수 있다. 불량품 발생 후 원인 분석과 대책 수립까지 상당한 시간이 소요되며, 이 기간 동안 추가적인 불량품이 지속적으로 생산될 수 있다. 또한 주관적 판단에 의존하는 문제를 들 수 있다. 경험에 의존한 분석은 담당자의 주관적 판단이 개입될 수 있으며, 객관적이고 일관성 있는 분석이 어려울 수 있다. 기업은 이를 극복하기 위해 AI를 다음과 같이 활용하고 있다.

첫째, 불량률 분석 업무에 활용하고 있다. AI는 기존의 여러 가지 한계를 극복하고 더욱 정교하고 효과적인 불량률 분석을 가능하게 한다. 또한 AI는 과거 데이터에서 패턴을 인식하고 미래의 불량률을 예측할 수 있다. 자동차 부품 제조업체인 A사에서는 다음과 같은 접근법을 사용했다.

"지난 2년간의 엔진 부품 불량률 데이터를 분석해 계절별, 요일별, 시간대별 패턴을 찾아 주세요. 또한 외부 요인(기온, 습도, 전력 공급 상태)과의 상관관계를 분석하고, 향후 3개월간의 불량률 예측 모델을 제시해 주세요."

생성형 AI 분석 결과, 여름철 오후 2~4시 사이 불량률이 20% 증가하는 패턴을 발견했고, 이는 공장 내 온도 상승과 직접적인 관련이 있음을 확인했다. 이처럼 제조업체 담당자가 전통적인 방식으로 분석했을 경우 발견하기 어려운 불량 원인을 생성형 AI를 활용하여 찾아 해결하여 원가를 절감하고 양품률을 높이는 성과를 거두었다.

둘째, 실시간 불량률 모니터링 시스템을 구축할 수 있다. 이는 불량품 발생을 예방하고 즉각적인 대응을 가능하게 한다. AI에게 주문할 알림 시스템 설계 요청 프롬프트를 예를 들면, "생산 라인의 실시간 데이터를 모니터링해 불량률이 정상 범위(2.5% ± 0.5%)를 벗어날 가능성이 80% 이상일 때 경고 메시지를 생성해 주세요. 경고 메시지에는 예상 원인, 즉시 취할 수 있는 조치, 전문가

연락처를 포함해 주세요"다. 이러한 생성형 AI 알림 시스템을 통해 생산 관리자는 문제 발생 전에 선제적으로 대응할 수 있다.

스마트 공장과 AI의 결합

스마트 공장(Smart Factory)은 AI, 빅데이터, 사물 인터넷(Internet of Things, IoT), 클라우드 등의 첨단 기술을 활용해 생산 공정을 자동화, 지능화, 최적화한 공장이다. 한국 정부에서는 그동안 우리 기업들이 스마트 공장을 추진할 수 있도록 기술 및 자금 등 다양한 지원 정책을 수립하여 시행해 왔다. 기업은 AI를 활용해 스마트 공장의 에너지 사용량을 실시간으로 모니터링하고 최적화할 수 있다. 또한 기업은 AI를 활용해 여러 공정 간의 연계를 최적화해 전체 생산 효율을 극대화할 수 있고, 복잡한 생산 계획을 수립하고 있다.

기업들은 AI를 제조 현장에서 활용해 다음과 같은 다양한 성과를 거두고 있다. 제조업 현장의 AI 도입 성과 사례를 보면, 정밀 기계 부품을 제조하는 E사는 생성형 AI를 활용해 불량률을 수십 % 감소하는 성과를 거두었다. 이 기업이 AI를 활용한 주요 부문을 보면, 실시간 품질 모니터링(가공 과정에서 발생하는 진동, 온도, 절삭

력 데이터를 실시간으로 분석해 불량 발생 가능성을 사전에 감지), 공구 수명 예측(절삭 공구의 마모 상태를 예측해 최적의 교체 시점을 결정), 공정 파라미터 최적화(절삭 속도, 이송량, 절삭 깊이 등의 가공 조건을 실시간으로 최적화) 등이다.

또한 반도체 패키징 공정을 운영하는 전자 부품 제조업체 F사는 AI를 활용해 생산성을 수십 % 향상했다. 이 기업이 AI를 활용한 주요 부문을 보면, 본딩 공정 최적화(와이어 본딩 과정에서 온도, 압력, 시간 등의 공정 조건을 AI가 실시간으로 최적화), 검사 자동화(제품 외관 검사를 AI 비전 시스템으로 자동화해 검사 시간 단축 및 정확도 향상), 수율 예측(공정 데이터를 바탕으로 수율을 예측해 생산 계획 수립에 활용) 등이다.

AI 도입에 성공한 기업들의 공통적인 성공 요인은 다음과 같다. 첫째, 생산 관리 관련 데이터의 품질을 확보한 것이다. AI 시스템의 성능은 입력 데이터의 품질에 크게 좌우된다. 성공한 기업들은 센서 데이터의 정확성과 일관성 확보, 데이터 수집 시스템의 안정성 구축, 데이터 전처리 및 정제 과정의 체계화 같은 노력을 기울였다.

둘째, 생산 관리 업무에 AI를 단계적으로 도입하는 전략을 추진한 것이다. 일시에 전체 공정에 AI를 도입하기

보다는 단계적으로 확산하는 전략을 채택했다. AI를 성공적으로 도입한 기업들은 파일럿 프로젝트를 통한 효과 검증, 성공 사례를 바탕으로 한 점진적 확산, 학습 효과를 통한 지속적 개선 등의 업무를 추진했다.

셋째, 생산 관리 관련 AI 조직 역량을 강화한 것이다. 기업은 AI 도입을 위한 관련 인력의 교육 및 훈련, 외부 전문가와의 협력 체계 구축, 데이터 사이언스 역량 내재화 등 조직 내부 역량 강화에 필요한 투자를 지속적으로 했다.

기업의 AI 도입 시 과제

기업이 생산 관리 업무에 AI를 성공적으로 도입하기 위해서는 다음과 같은 사항을 적극 고려해야 바람직하다.

첫째, 기술적 측면에서 먼저 데이터 호환성 문제를 확인해야 한다. 기존 시스템과 AI 시스템 간의 데이터 호환성 문제는 중요한 과제다. 다양한 제조사의 설비와 시스템이 혼재되어 있는 환경에서는 데이터 표준화가 필수적이다. 그리고 기업은 실시간 처리 능력을 감안해야 한다. 생산 현장에서는 실시간 데이터 처리가 중요하다. 따라서 기업은 대용량 데이터를 실시간으로 처리하고 분석할 수 있는 시스템 구축이 필요하다. 또한 정확도 및 신뢰성 문제를 확인해야 하다. AI 시스템의 예측 정확도와 신뢰성은 생산 현장에서 매우 중요하다. 잘못된 예측이나 오작동은 생산 중단이나 품질 문제로 이어질 수 있다.

둘째, 조직적 측면에서 먼저 변화 관리를 적극 검토해야 한다. AI 도입은 기존 업무 프로세스와 조직 문화의 변화를 요구한다. 따라서 임직원들의 저항을 최소화하고 변화를 원활히 추진하기 위한 체계적인 변화 관리가 필요하다. 그리고 기업은 적절한 교육 및 훈련을 지속적으로 추진해야 한다. AI 시스템을 효과적으로 활용하기 위해서는 관련 인력의 교육과 훈련이 필수적이다. 기업 임직원들은 기술적 지식뿐만 아니라 AI 활용 방법론에 대한 이해도 중요하다.

셋째, 경제적 측면에서 먼저 AI 투자 비용을 확인해야 한다. AI 시스템 구축에는 상당한 초기 투자가 필요하다. 기업은 하드웨어, 소프트웨어, 인력 등에 대한 투자 계획을 수립하고 투자 대비 효과를 명확히 분석해야 한다. 그리고 투자 수익률을 측정해야 한다. AI 도입의 투자 대비 효과를 정확히 측정하고 평가하는 것은 쉽지 않은 과제다. 정량적 효과뿐만 아니라 정성적 효과도 종합적으로 평가할 수 있는 지표 개발이 필요하다.

결론적으로 기업이 생산 관리 부문에 AI를 활용하는 것은 더 이상 선택이 아닌 필수가 되고 있다. 기업이 생산 관리에 AI를 활용하면 불량률 감소, 설비 효율성 향상, 예지 보전 구현 등을 통해 기업의 경쟁력을 크게 높일 수 있다. 특히 생성형 AI는 복잡한 데이터 분석과 의사 결정 지원에서 강력한 도구로 활용될 수 있다. 성공적인 AI 도입을 위해서는 명확한 목표 설정, 체계적인 추진 전략, 조직 역량 강화가 필수적이다. 또한 기업은 생성형 AI를 효율적으로 활용해야 하는 기술적 과제와 이를 효과적으로 추진하여 조직의 목표를 달성하기 위한 조직적 과제를 동시에 해결해 나가는 균형 잡힌 접근을 해 나가야 한다. 미래의 제조업은 AI와 인간이 협력하는 지능형 생산 시스템으로 진화할 것이다. 이러한 변화에 선제적으로 대응하는 기업이 글로벌 경쟁에서 우위를 점할 수 있을 것이다. 기업이 앞으로 치열한 국내외 경쟁에서 살아남기 위해 지금이 바로 AI 기반 생산 관리 시스템 구축을 시작할 때다.

05
공급망 관리와 물류의 AI 활용

기업들은 공급망 관리 업무에 생성형 AI를 활용해 수요 변화에 대한 신속한 대응, 재고 수준 최적화 및 비용 절감, 공급망 전반의 가시성 확보, 납기 준수율 향상 및 고객 만족도 개선, 공급 위험 조기 감지 및 대응, 반복적 업무 자동화로 인력 효율성 향상, 데이터 기반 시나리오 설계 및 의사 결정 보조, 협력사와의 의사소통 효율화 등의 성과를 거두고 있다.

AI 콘텐츠 크리에이터?

공급망 관리에의 AI 활용 확산

기업의 공급망 관리(Supply Chain Management, SCM)는 단순한 물류 관리를 넘어 전체 비즈니스 성과를 좌우하는 핵심 요소가 되었다. 특히 코로나19 팬데믹, 글로벌 경제 불확실성, 기후 변화 등으로 인한 공급망 리스크가 증가하고, 기업들은 더욱 정교하고 유연한 공급망 관리 시스템을 필요로 하게 되었다.

공급망 관리란 부품 제공업자로부터 생산자, 배포자, 고객에 이르는 물류의 흐름을 하나의 가치 사슬 관점에서 파악하고 필요한 정보가 원활히 흐르도록 지원하는 시스템을 의미한다. 현대 기업의 공급망 관리 업무는 기존의 전통적인 차원을 넘어 인공지능의 확산으로 인해 전략적 의사 결정의 핵심 영역으로 발전하고 있다.

특히 챗지피티, 제미나이, 클로드 등 생성형 AI는 이러한 복잡한 공급망 환경에서 기업이 직면한 다양한 문제들을 해결할 수 있는 혁신적인 도구다. 방대한 데이터를 실시간으로 분석하고, 복잡한 패턴을 인식하며, 예측력을 바탕으로 최적의 의사 결정을 지원하는 AI의 능력은 공급망 관리의 패러다임을 완전히 바꾸고 있다. 생성형 AI의 등장으로 공급망 관리 업무 전반에 혁신적인 변화가 일어나고 있다.

기업들은 생성형 AI를 수요 예측 및 주문 계획 자동화, 재고 최적화 및 자재 소요 계획, 납기 예측 및 생산과 조달 일정 관리, 공급업체 성과 평가 및 위험 분석, 물류 경로 최적화 및 배송 일정 예측, 생성형 AI 기반 발주서와 납품 일정표 등 문서 자동 작성, 공급망 이상 탐지 및 조기 경고 시스템, 공급망 시뮬레이션 및 시나리오 분석 등 공급망 관리 업무 전반에 다양하게 활용해 성과를 거두고 있다. 대기업은 물론 중소기업에도 공급망 관리에 생성형 AI를 활용하는 것은 선택이 아닌 필수가 되고 있다.

기업들은 생성형 AI를 매출 전망과 수요 예측에 다양하게 활용하고 있다. 기존의 수요 예측 방법은 과거 데이터를 기반으로 한 단순한 추세 분석이나 계절성 분석에 의존했다. 하지만 이러한 방법은 급변하는 시장 환경, 소비자 행동 변화, 외부 충격 등을 충분히 반영하지 못하는 한계가 있었다. 예를 들면, 한 의류 제조업체가 과거 5년간의 판매 데이터만을 활용해 내년 겨울 패딩 재킷의 수요를 예측할 경우, 전통적인 방법으로는 평균 기온, 작년 판매량, 계절적 요인만을 고려하게 되어, 갑작스러운 한파나 패션 트렌드 변화, 경쟁사 신제품 출시 등의 변수를 놓칠 수 있다. AI는 이러한 한계를 극복하기 위해 다차원적인 데이터를 종합적으로 분석해 수요 예측의 정확도를 높이고 있다.

AI는 매출 전망에서도 탁월한 성능을 보여 주는데, 특히 다음과 같은 영역에서 활용도가 높다. 첫째, 기업은 다중 변수 분석을 통해 매출을 전망할 때 생성형 AI를 활용하고 있다. 기업은 AI에게 고객 행동 패턴 분석, 경쟁사 동향 모니터링, 경제 지표 및 시장 트렌드 반영, 제품 라이프 사이클 고려 등과 같은 변수들을 반영해 매출 전망을 하도록 할 수 있다.

둘째, 기업은 실시간 매출 전망을 업데이트할 때 AI를 활용하고 있다. AI는 실시간으로 유입되는 데이터를 바탕으로 매출 전망을 지속적으로 업데이트할 수 있다. 이를 통해 기업은 시장 변화에 빠르게 대응하고 재고 관리, 생산 계획 등을 최적화할 수 있다.

기업은 제품별 특성을 고려한 맞춤형 수요를 예측할 때 AI를 활용하고 있다. 그렇게 되면 제품의 카테고리, 브랜드, 가격대, 고객 세그먼트 등을 종합적으로 분석해 각 제품의 수요를 정확히 예측할 수 있다.

또한 기업은 AI 기반 재고 최적화 전략 수립 업무에 활용하고 있다. 재고 관리는 과도한 재고로 인한 비용 증가와 재고 부족으로 인한 기회비용 사이의 균형을 맞추는 것이 핵심이다. 생성형 AI는 이러한 균형점을 찾는 데 탁월한 능력을 보여 준다.

AI의 공급망 위험 예측

기업의 공급망은 글로벌화되면서 다양한 위험에 노출되어 있다. 자연재해, 정치적 불안정, 경제 제재, 팬데믹 등은 공급망에 심각한 영향을 미칠 수 있다. 기업들은 다음과 같이 AI를 활용해 다양한 위험을 사전에 예측하고 대응 방안을 수립하고 있다.

첫째, 기업은 AI 기반 위험 예측 업무 추진 시 생성형 AI를 활용하고 있다. AI는 다차원적 위험 분석 즉 날씨 및 기후 데이터, 정치적 안정성 지수, 경제 지표, 교통 및 물류 정보, 공급업체 재무 상태, 지정학적 이벤트 등 다양한 데이터를 분석해 공급망 위험을 예측한다. 그리고 AI는 24시간 실시간으로 글로벌 이벤트를 모니터링하고, 공급망에 영향을 줄 수 있는 위험 요소를 조기에 감지할 수 있다.

둘째, 기업은 시뮬레이션을 통한 대응 전략 수립 시 생성형 AI를 활용하고 있다. 생성형 AI는 다양한 시나리오를 시뮬레이션해 최적의 대응 전략을 수립한다. 시나리오 기반 AI 시뮬레이션의 경우, 최적 시나리오(모든 공급업체가 정상 운영), 일반 시나리오(일부 공급업체에

경미한 지연 발생), 최악 시나리오(주요 공급업체 운영 중단) 등으로 구분할 수 있다. 또한 생성형 AI는 기존 공급망이 중단될 경우를 대비한 대안 공급망을 설계하고, 각 대안의 비용과 효과를 분석 제시해 기업이 사전에 대응할 수 있도록 한다.

AI 활용 물류 최적화 전략

물류 비용은 기업의 전체 운영 비용에서 상당한 비중을 차지한다. 기업은 다음과 같이 AI를 활용해 배송 경로 최적화, 차량 배치, 창고 운영 등 물류 전반의 효율성을 높이고 있다.

첫째, 배송 경로 최적화 업무 추진 시 AI를 활용하고 있다. AI는 교통 상황(실시간 교통 정보 포함), 배송 우선순위, 차량 용량 및 제약 조건, 배송 시간, 연료 비용 및 환경 영향 등의 요소들을 종합적으로 고려해 최적의 배송 경로를 설계한다.

둘째, 창고 운영 최적화 업무 추진 시 AI를 활용하고 있다. AI는 제품의 회전율, 크기, 무게 등을 고려해 창고 내 최적의 재고 배치를 결정한다. 자주 출고되는 제품은 픽업이 용이한 위치에, 큰 제품은 적절한 공간에 배치해 전체 작업 효율성을 향상한다. 그리고 창고 작업자의 스케줄링도 AI가 최적화할 수 있다. 주문 패턴, 작업자 역량, 장비 가용성 등을 고려해 최적의 작업 계획을 수립해 준다.

셋째, 운송 수단 최적화 업무 추진 시 생성형 AI를 활용하고 있다. AI는 육로, 해로, 항공 등 다양한 운송 수단을 조합해 최적의 운송 계획을 수립한다. AI는 비용, 시간, 안전성 등을 종합적으로 고려해 최적의 운송 방법을 선택한다. 그리고 AI는 운송 과정에서 발생하는 돌발 상황(날씨, 교통 체증, 차량 고장 등)에 대응해 실시간으로 운송 계획을 조정해 준다.

AI 활용 공급망 관리 통합 플랫폼 구축

기업이 공급망 관리에서 생성형 AI를 효과적으로 활용하기 위해서는 첫째, 개별 기능들을 통합한 포괄적인 관리 시스템이 필요하다. 이 시스템의 핵심 구성 요소들은 수요 예측 모듈, 재고 최적화 모듈, 위험 관리 모듈, 물류 최적화 모듈, 성과 모니터링 모듈 등이다.

둘째, 기업은 대규모 투자 없이도 클라우드 기반 AI 서비스를 활용해 공급망 관리를 개선할 수 있다. 생성형 AI의 API를 활용해 비용 효율적인 솔루션을 구축할 수 있다. 단계별 도입 전략을 예를 들면, 1단계 수요 예측 자동화, 2단계 재고 최적화 시스템 도입, 3단계 위험 관리 시스템 구축, 4단계 물류 최적화 및 통합 플랫폼 완성 등이다.

AI 기반 공급망 관리 시스템의 성공 요인을 보면, 첫째, 공급망 관련 데이터의 품질 수준이다. 기업이 정확하고 실시간성이 보장되는 데이터를 확보하는 것이 핵심이다. 공급망 관련 데이터 품질 확보 방안을 보면, 데이터 수집 프로세스 표준화, 정기적인 데이터 검증 및 정제, 외부 데이터 소스와의 연동 품질 관리, 데이터 거버넌스 체계 구축 등이다.

둘째, 기업이 AI 도구를 효과적으로 활용하기 위해서는 직원들의 역량 강화가 필요하다. 특히 기업은 공급망 관리 담당자들이 AI 도구를 능숙하게 사용할 수 있도록 교육해야 한다. 그리고 기존 프로세스에서 AI 기반 시스템으로의 전환 과정에서 발생할 수 있는 저항을 최소화하기 위한 변화 관리 전략이 필요하다.

셋째, 윤리적인 사항을 고려해야 한다. 기업은 공급망 관리 과정에서 수집되는 고객 정보, 거래 정보 등과 관련하여 개인정보 보호를 위한 신뢰할 수 있는 장치를 마련해야 한다. 그리고 기업은 AI 의사 결정 과정의 공정성과 투명성을 확보해 이해관계자들의 신뢰를 얻어야 한다.

결론적으로 기업의 AI를 활용한 공급망 관리는 단순한 효율성 향상을 넘어 기업의 경쟁력 강화와 지속 가능한 성장을 위한 핵심 전략이다. 수요 예측의 정확성 향상, 재고 최적화, 위험 관리 강화, 물류 효율성 개선 등을 통해 기업은 변화하는 시장 환경에 빠르게 적응하고 경쟁 우위를 확보할 수 있다.

특히 중소기업의 경우에도 클라우드 기반 AI 서비스를 활용해 대기업과 동등한 수준의 공급망 관리 역량을 갖출 수 있다. 이는 기업 규모에 관계없이 모든 기업이 AI의 혜택을 누릴 수 있는 민주화된 기술 환경을 조성하고 있다.

앞으로 AI 기술의 발전과 함께 공급망 관리는 더욱 정교하고 지능적인 시스템으로 진화할 것이다. 기업들은 이러한 기술적 변화에 적극적으로 대응해 미래 경쟁력을 확보해 나가야 한다. 기업이 공급망 관리 업무에 성공적으로 AI를 도입하기 위해서는 기술적 측면뿐만 아니라 조직 문화, 인적 자원, 윤리적 고려 사항 등을 종합적으로 고려한 전략적 접근이 필요하다. 특히 관세 장벽 등이 강화되고 있는 세계 무역 질서의 급변 속에서 기업이 보다 효과적으로 대응하기 위해서는 공급망 관리 업무에 생성형 AI를 적극 활용해 나가는 것이 바람직하다. 한

국이 세계 여러 나라와 맺고 있는 자유 무역 협정을 분석하여 공급망 관리 전략을 수립할 때 기업이 생성형 AI를 활용한다면 관세를 대폭 줄이는 방안을 찾을 수 있을 것이다.

06
AI를 활용한 인적 자원 관리

기업들은 인적 자원 관리 업무에 생성형 AI를 활용해 채용 효율성 향상 및 인재 선별의 정교화, 반복적인 문서와 업무 자동화, 인재 개발 및 교육 콘텐츠 다양화, 성과 평가의 객관성 및 속도 개선, 직원 이탈 예측 및 조직 건강도 진단, 인사 데이터 기반 전략적 의사 결정, 사내 의사소통 효율화, 인건비 및 자원 절감 등의 성과를 거두고 있다.

AI와 민주주의?

AI 기반 채용 프로세스의 혁신

인적 자원 관리(Human Resource Management, HRM)는 조직의 목표를 이루기 위해 필요한 인적 자원을 확보·개발·활용하는 활동을 계획하고 관리하는 일련의 과정이다.

현대 기업의 인적 자원 관리는 기존의 전통적인 차원을 넘어 인공지능의 확산으로 인해 전략적 의사 결정의 핵심 영역으로 발전하고 있다. 특히 챗지피티, 제미나이, 클로드 등 생성형 AI의 등장으로 인적 자원 관리 업무 전반에 혁신적인 변화가 일어나고 있다. 기존의 경험과 직관에 의존했던 인사 관리 업무가 데이터 기반의 과학적 접근법으로 전환되면서, 기업들은 더욱 효율적이고 공정한 인적 자원 관리 시스템을 구축할 수 있게 되었다.

기업들은 채용 공고 자동 생성 및 이력서 분석, 지원자 평가 및 AI 기반 인터뷰 질문 설계, 신입 및 재직자 교육 콘텐츠 자동 생성, 성과 평가 리포트 및 피드백 자동화, 직원 만족도 조사 분석 및 이직 예측, 조직 진단 리포트 및 리더십 분석, 생성형 AI 기반 사내 공지문 및 안내문 작성, HR 챗봇 및 자동 질의응답 시스템 구축 등 인적 자원 관리 업무에 생성형 AI를 다양하게 활용해 성과를 거두고 있다. 기업이 인적 자원 관리 업무에 생성형 AI를 활용하는 것은 선택이 아닌 필수가 되고 있다.

기업은 생성형 AI를 채용 프로세스 부문에 다음과 같이 다양하게 활용하고 있다. 첫째, 지능형 채용 플랫폼 구축 업무에 활용하고 있다. 기업의 채용 프로세스는 생성형 AI를 활용해 근본적으로 재설계되고 있다. AI를 활용하면 채용 담당자는 더욱 정교한 채용 전략을 수립할 수 있다. 예를 들어, 특정 직무에 필요한 역량을 분석하고 이를 바탕으로 최적의 채용 공고를 작성하는 과정에서 AI는 핵심적인 역할을 한다.

둘째, 기업은 AI를 이력서 스크리닝과 후보자 평가 업무에 활용하고 있다. AI는 수백, 수천 개의 이력서를 빠르게 분석해 채용 담당자가 집중해야 할 핵심 후보자들을 선별하는 데 탁월한 성능을 보인다. AI는 자연어 처리 기술을 활용해 이력서의 내용을 깊이 분석하고, 직무 요구 사항과의 매칭도를 정확하게 계산할 수 있다. 이 과정에서 AI는 단순한 키워드 매칭을 넘어 문맥적 의미를 파악하고, 후보자의 경험과 역량을 종합적으로 평가한다.

셋째, 기업은 AI를 면접 프로세스 업무에 활용하고 있다. AI 기술은 면접 과정에서도 혁신적인 변화를 가져오고 있다. 화상 면접에서 AI는 후보자의 언어적 표현뿐만 아니라 비언어적 신호까지 분석해 종합적인 평가 결과를 제공한다. AI는 음성 분석을 통해 자신감, 스트레스 수준, 의사소통 능력을 측정하고, 표정 분석을 통해 진정성과 열정을 파악할 수 있다.

AI 기반 인력 배치와 승진 경력 개발

기업은 생성형 AI를 전략적 인력 배치 업무에 다음과 같이 다양하게 활용하고 있다.

첫째, 역량 기반 인력 배치 업무에 활용하고 있다. AI를 활용한 인력 배치는 단순히 공석을 채우는 것을 넘어, 조직의 전략적 목표 달성을 위한 최적의 인력 구성을 실현하게 한다. AI는 각 직원의 역량, 경험, 성향, 성과 데이터를 종합적으로 분석해 가장 적합한 부서와 역할을 추천한다. 이 과정에서 AI는 개인의 강점을 최대화하고 약점을 보완할 수 있는 팀 구성을 제안해 준다.

둘째, 동적 조직 구조 최적화 업무에 활용하고 있다. 현대 비즈니스 환경의 급속한 변화에 대응하기 위해, 조직 구조도 유연하게 변화해야 한다. 생성형 AI는 시장 상황, 프로젝트 요구 사항, 직원 역량 변화를 실시간으로 모니터링해 조직 구조의 최적화 방안을 제시해 준다. 이를 통해 기업은 변화하는 환경에 신속하게 대응하고, 인적 자원을 최대한 효율적으로 활용할 수 있다.

기업은 생성형 AI를 승진 및 경력 개발 업무에 다음과 같이 다양하게 활용하고 있다.

첫째, 공정한 승진 평가 업무에 활용하고 있다. 승진 과정에서의 공정성과 객관성은 조직 문화의 핵심 요소다. 생성형 AI를 활용한 승진 평가 시스템은 개인의 성과, 역량 발전, 리더십 잠재력 등을 종합적으로 분석해 승진 후보자를 선발한다. 이 과정에서 AI는 성별, 나이, 인맥 등 비업무적 요소들을 배제하고, 순수하게 업무 역량과 기여도에 기반한 평가를 수행한다.

둘째, 기업은 AI를 개인별 경력 개발 로드맵 수립 업무에 활용하고 있다. AI는 각 직원의 현재 역량과 목표를 분석해 개인별 맞춤형 경력 개발 로드맵을 제시해 준다. 이 과정에서 AI는 조직의 미래 전략과 시장 트렌드를 고려해, 직원이 개발해야 할 핵심 역량과 학습 경로를 제안해 준다.

AI 기반 혁신적 성과 평가 및 인재 유치

기업은 생성형 AI를 인적 자원 성과 평가 업무에 다음과 같이 다양하게 활용하고 있다.

첫째, 다면적 성과 데이터 분석 업무에 활용하고 있

다. 전통적인 성과 평가 방식은 주로 상사의 주관적 판단에 의존했지만, 생성형 AI 기반 성과 평가 방식은 다양한 데이터 소스를 활용해 객관적이고 포괄적인 평가 결과를 제공한다. AI는 프로젝트 성과, 동료 평가, 고객 피드백, 업무 시간 활용도 등 다양한 지표를 종합적으로 분석해 직원의 실제 기여도를 정확하게 측정한다.

둘째, 기업은 AI를 실시간 성과 모니터링과 피드백 업무에 활용하고 있다. 생성형 AI 기반 성과 관리 시스템은 연말 평가를 위한 일회성 시스템이 아니라, 연중 지속적으로 성과를 모니터링하고 피드백을 제공하는 동적 시스템이다. AI는 직원의 업무 패턴, 성과 지표, 목표 달성도를 실시간으로 추적해 필요할 경우 즉시 개선 방안을 제시해 준다.

기업은 생성형 AI를 이직 예측과 인재 유지 업무에 다음과 같이 다양하게 활용하고 있다.

첫째, 이직 위험 조기 감지 업무에 활용하고 있다. 우수한 인재의 이직은 기업에 큰 손실을 가져다준다. AI는 직원의 업무 패턴, 만족도 지표, 커리어 목표 등을 분석해 이직 위험이 높은 직원을 사전에 식별한다. AI는 이메일 활동 패턴, 업무 참여도, 동료와의 상호작용 빈도 등 다양한 신호를 종합적으로 분석해 이직 가능성을 예측해 준다.

둘째, 기업은 AI를 맞춤형 인재 유지 프로그램 개발 및 운영 업무에 활용하고 있다. AI 기반 인재 유지 프로그램은 직원 개개인의 동기와 요구 사항을 분석해 맞춤형 유지 전략을 수립해 준다. AI는 단순히 급여 인상이나 승진 기회 제공을 넘어, 개인의 가치관과 목표에 부합하는 다양한 유지 방안을 제안해 준다. 예를 들면, 워라밸을 중시하는 직원에게는 유연 근무제를, 성장을 추구하는 직원에게는 도전적인 프로젝트 참여 기회를 제공해 준다.

AI 활용 커리큘럼 개발 및 인적 자원 관리

기업은 생성형 AI를 교육 커리큘럼 개발 업무에 다음과 같이 다양하게 활용하고 있다.

첫째, 역량 기반 교육 프로그램 설계 업무에 활용하고 있다. 생성형 AI를 활용한 교육 커리큘럼 개발은 직원들의 현재 역량과 목표 역량 사이의 갭을 정확하게 분석하는 것에서 시작된다. AI는 각 직원의 업무 성과, 학습 이력, 역량 평가 결과를 종합적으로 분석해 개인별 맞춤형 교육 프로그램을 설계해 준다. 이 과정에서 AI는 조직의 전략적 목표와 시장 트렌드를 고려해, 미래 경쟁력 확보에 필요한 핵심 역량을 식별해 준다.

둘째, 기업은 AI를 지능형 교안 작성 업무에 활용하고 있다. AI는 교육 콘텐츠 제작 과정에서도 혁신을 가져오고 있다. 복잡한 개념을 쉽게 설명하는 교안 작성, 다양한 학습 스타일에 맞춘 멀티미디어 콘텐츠 제작, 실습 문제 및 평가 도구 개발 등 교육 프로그램 운영에 필요한 모든 요소를 AI가 지원해 준다.

한편, 기업은 AI 윤리와 공정성을 확보하는 데 다음과 같이 다양한 노력을 해야 한다.

첫째, 알고리즘 편향성 방지를 위해 경주해야 한다. 이는 학습 데이터의 편향성이나 알고리즘 설계 과정에서의 편견이 인사 결정에 영향을 미칠 수 있기 때문이다. 이를 방지하기 위해 기업은 다양한 관점에서 데이터를 수집하고, 정기적으로 알고리즘의 공정성을 검증하는 시스템을 구축해야 한다.

둘째, 기업은 개인정보 보호와 데이터 보안 업무를 잘 추진해야 한다. 생성형 AI 기반 인적 자원 관리 시스템은 직원들의 민감한 개인정보를 대량으로 처리하므로, 강력한 보안 시스템과 개인정보 보호 정책이 필수적이다. 기업은 데이터 수집, 저장, 처리, 폐기의 전 과정에서 「개인정보보호법」을 준수하고, 직원들의 프라이버시를 보장해야 한다.

결론적으로 AI를 통한 인적 자원 관리의 혁신은 단순한 업무 효율성 향상을 넘어, 조직 문화와 인재 경쟁력의 근본적 변화를 가져오고 있다. 데이터 기반의 객관적 의사 결정, 개인 맞춤형 경력 개발, 공정한 평가 시스템 등은 직원들의 만족도와 조직의 생산성을 동시에 향상하는 효과를 가져온다.

하지만 이러한 기술적 혁신이 성공하기 위해서는 인간 중심적 접근법이 필수적이다. AI는 도구일 뿐이며, 궁극적으로는 사람과 사람 사이의 관계, 신뢰, 소통이 조직의 핵심 가치로 남아야 한다. 기업들은 AI 기술을 도입하면서 동시에 인간의 가치와 존엄성을 진정으로 존중하는 균형 잡힌 접근법을 추구해야 한다.

미래 인적 자원 관리는 AI와 인간이 협력해 시너지를 창출하는 방향으로 발전할 것이다. AI가 데이터 분석과 패턴 인식을 담당하고, 인간이 창의적 사고와 감정적 소통을 담당하는 역할 분담을 통해, 기업은 더욱 효과적이고 인간적인 인적 자원 관리 시스템을 구축할 수 있을 것이다. 이러한 변화에 적극적으로 대응하는 기업들이 AI 시대의 인재 경쟁에서 우위를 점할 수 있을 것이다.

07
AI를 활용한 재무 관리

기업들은 재무 관리 업무에 생성형 AI를 활용해 재무 예측의 정확도 향상, 보고서 작성 속도 및 효율성 제고, 투자 및 자산 운용 판단의 객관성 확보, 이상 징후 조기 발견 및 위험 대응, 업무 자동화로 인한 인건비 절감, 데이터 기반 재무 의사결정 강화, 외부 감사 대응 및 내부 통제 체계 효율화, ESG 및 비재무 정보 분석 등의 성과를 거두고 있다.

AI와 애니메이션?

기업 재무 관리의 AI 활용 확산

재무 관리는 기업의 자금을 조달하고 자금의 운용을 관리하는 행위를 의미한다. 현대 기업의 재무 관리는 기존의 전통적인 차원을 넘어 인공지능의 확산으로 인해 전략적 의사 결정의 핵심 영역으로 발전하고 있다. 특히 챗지피티, 제미나이, 클로드 등 생성형 AI의 등장으로 재무 데이터 분석, 위험 관리, 자금 조달 등 재무 관리 전반에 혁신적인 변화가 일어나고 있다.

기업은 AI를 재무제표 분석 및 보고서 초안 작성, 현금 흐름 예측 및 자금 계획 수립, 예산 편성 및 비용 분석 자동화, 투자 수익률 분석 및 시나리오 모델링, 위험 탐지 및 이상 거래 감지, 회계 정보 요약 및 정기 보고 자동화, 핵심 성과 지표 및 경영 성과 분석 자동 리포팅, 내부 통제 문서 및 점검 리스트 자동 작성 등의 업무에 다양하게 활용해 성과를 거두고 있다. 기업이 재무 관리 업무에 생성형 AI를 활용하는 것은 선택이 아닌 필수가 되고 있다.

한편 기업은 생성형 AI를 재무 데이터 분석 업무에 다음과 같이 다양하게 활용하고 있다.

첫째, 기업은 AI를 재무제표 분석 자동화 업무에 활용하고 있다. AI는 복잡한 재무제표를 빠르게 분석하고 핵심 인사이트를 도출하는 데 탁월한 능력을 발휘한다. 기존에는 재무 분석가가 수 시간에 걸쳐 수행하던 비율 분석, 추세 분석, 동종 업계 비교 분석을 AI가 몇 분 내에 완료할 수 있다.

재무 관리 시에 생성형 AI를 활용한 사례를 보면 다음과 같다. S기업은 AI를 활용해 분기별 재무제표 데이터를 챗지피티에 입력해 수익성, 안정성, 성장성 지표를 종합 분석하고, 전년 동기 대비 변화 요인을 식별하는 업무를 했다. H기업은 연결 재무제표의 복잡한 계정 구조를 AI가 체계적으로 분석해 사업 부문별 수익성 변화 트렌드를 파악하도록 했다.

둘째, 기업은 AI를 재무 핵심 성과 지표 생성 업무에 활용하고 있다. AI를 활용하면 경영진이 필요로 하는 재무 핵심 성과 지표들을 실시간으로 모니터링할 수 있는 대시 보드를 효율적으로 구성할 수 있다.

기업은 생성형 AI를 중장기 재무 구조 전망 업무에 다음과 같이 다양하게 활용하고 있다.

첫째, 기업은 AI를 재무 시나리오 모델링 업무에 활용하고 있다. AI는 다양한 경영 환경 변화 시나리오를 고려한 재무 전망 모델을 구축하는 데 활용된다. 특히 생성형 AI는 불확실성이 높은 경영 환경에서 여러 시나리오를 동시에 고려한 재무 계획 수립이 가능하다. 시나리오 분석을 예로 들면, 시장 확대, 신제품 성공 등을 가정한 재무 전망인 낙관적 시나리오, 현재 추세가 지속되는 경우의 재무 전망인 기본 시나리오, 경기 침체, 경쟁 심화 등을 고려한 재무 전망인 비관적 시나리오 등이다. 둘째, 기업은 AI를 자본 구조 최적화 업무에 활용하고 있다. 생성형 AI를 활용해 기업의 최적 자본 구조를 분석하고 부채 비율, 자기 자본 비율 등 핵심 지표의 목표치를 설정할 수 있다.

한편 기업은 생성형 AI를 재무 관리 업무의 이상 탐지 및 사기 방지 업무에 다음과 같이 다양하게 활용하고 있다.

첫째, 기업은 AI를 재무 데이터 이상 탐지 업무에 활용하고 있다. AI는 대용량 재무 데이터에서 패턴을 학습하고 이상 거래나 비정상적인 회계 처리를 탐지하는 데 효과적이다. 구체적 활용 영역으로는 기간별 매출 패턴 분석을 통한 매출 조작 가능성 탐지 등 매출 인식 이상의 경우, 동종 업계 대비 비정상적인 비용 구조 식별 등 비용 처리 이상의 경우, 자산 가치 평가의 일관성 검토 등 자산 평가 이상 등을 들 수 있다. 둘째, 기업은 AI를 내부 통제 시스템 강화 업무에 활용하고 있다. AI를 활용한 내부 통제 시스템은 실시간으로 재무 프로세스를 모니터링하고 위험을 사전에 식별할 수 있다.

기업의 자금 조달 및 운영 시 AI 활용

기업은 생성형 AI를 자금 조달 전략 업무에 다음과 같이 다양하게 활용하고 있다.

첫째, 자금 조달 시기 및 방법 최적화 업무에 활용하고 있다. AI는 시장 상황, 기업의 재무 상태, 투자 계획 등을 종합적으로 분석해 최적의 자금 조달 시기와 방법을 제안해 준다. N기업의 사례를 보면, 글로벌 확장을 위한 대규모 투자 자금 조달 시 AI를 활용했다. AI는 글로벌 금융 시장 동향, 환율 변동, 금리 전망 등을 종합 분석해 달러 채권 발행과 원화 대출의 최적 조합을 제안해 주었다. 둘째, 투자자 관계 관리 업무에 활용하고 있다. AI는 투자자들의 관심사와 질문 패턴을 분석해 효과적인 IR 전략을 수립하는 데 도움을 준다.

기업은 생성형 AI를 자금 집행 및 운영 최적화 업무에 다음과 같이 다양하게 활용하고 있다.

첫째, 현금 흐름 예측 및 관리 업무에 활용하고 있다. AI는 과거 현금 흐름 패턴과 사업 계획을 바탕으로 정확한 현금 흐름을 예측해 준다. C식품 기업의 사례를 보면, 계절성이 강한 식품 사업의 특성상 월별 현금 흐름 변동이 큰 상황에서 AI를 활용해 현금 흐름을 예측하고 있다. AI는 과거 5년간의 월별 매출 패턴, 원재료 구매 주기, 마케팅 비용 집행 패턴 등을 학습해 향후 12개월간의 현금 흐름을 예측하고, 필요시 단기 자금 조달 계획을 제안해 준다. 둘째, 자금 운용 최적화 업무에 활용하고 있다. 여유 자금의 효율적 운용을 위해 생성형 AI는 다양한 투자 옵션을 분석하고 최적 포트폴리오를 제안해 준다.

한편 기업은 생성형 AI를 재무 위험 관리 및 규제 준수 관리 업무에 다음과 같이 다양하게 활용하고 있다.

첫째, 재무 위험 평가 업무에 활용하고 있다. 생성형 AI는 기업이 직면한 다양한 재무 위험을 체계적으로 평가하고 관리 방안을 제시해 준다. 기업의 주요 위험 요소 및 관리 업무를 예를 들면, 거래처 신용도 평가 및 모니터링 등 신용 위험 관리 업무, 자금 부족 가능성 사전 예측 등 유동성 위험 관리 업무, 환율, 금리 변동에 따른 재무 영향 분석 등 시장 위험 관리 업무, 내부 통제 시스템의 효과성 평가 등 운영 위험 관리 업무 등이다. 둘째, 기업은 AI를 규제 준수 관리(컴플라이언스) 업무에 활용하고 있다. AI는 복잡한 재무 관련 규제 요구 사항을 지속적으로 모니터링하고 준수 현황을 점검해 준다.

기업의 성공적인 AI 활용 재무 관리 전략

기업이 효율적으로 재무 관리를 하기 위해 다음과 같이 생성형 AI를 잘 활용하는 것이 바람직하다.

첫째, 예산 수립 단계에서 AI를 활용하는 것이다. 이때 활용 가능한 생성형 AI 프롬프트를 예시해 보면 다음과 같다. "당사의 지난 3년간 사업 부문별 매출 및 비용 데이터를 바탕으로 내년도 예산 수립 시 고려해야 할 주요 변수들을 분석해 주세요. 특히 인플레이션, 원자재 가격 상승, 임금 인상 등의 영향을 정량적으로 반영한 예산안을 제시해 주세요."

둘째, 생성형 AI를 특성에 따라 적합하게 선택해 활용하는 것이다. 예를 들면, 챗지피티의 경우 복잡한 재무 데이터 해석 및 요약, 재무 전략 수립을 위한 아이디어 생성, 투자자 대상 설명 자료 작성 등에 활용할 수 있다. 제미나이의 경우, 대용량 재무 데이터 분석, 다국어 재무 보고서 작성, 실시간 시장 데이터 연동 분석 등에 활용할 수 있다.

중소기업은 대기업 대비 제한된 재무 인력과 시스템으로도 생성형 AI를 효과적으로 활용할 수 있다. 중소기업에 AI를 적용하기 위한 우선순위 업무를 예를 들면, 일별, 주별 현금 흐름 모니터링 등 현금 흐름 관리, 고객별,

제품별 매출 패턴 분석 등 매출 분석, 주요 비용 항목의 효율성 분석 등 비용 최적화, 정책 자금 및 대출 상품 비교 분석 등 자금 조달 등이다. 직원 50명 규모의 IT 서비스 중소기업은 챗지피티를 활용해 월별 재무 보고서 작성을 자동화했다. 기존에는 재무 담당자가 3일에 걸쳐 작성하던 보고서를 AI의 도움으로 하루 만에 완성할 수 있게 되었으며, 분석의 정확성과 일관성도 크게 향상되었다.

앞으로 생성형 AI 발전에 따라 기업 재무 관리 업무가 다음과 같이 변화될 것으로 전망된다.

첫째, AI 기술의 발전으로 재무 관리 업무는 더욱 고도화될 것으로 예상된다. 특히 실시간 데이터 분석, 예측 정확도 향상, 자동화 범위 확대 등이 주요 트렌드가 될 것이다. 따라서 기업들은 생성형 AI를 활용해 시장 변화에 즉시 대응하는 재무 전략 수립, 더욱 정교한 재무 예측 모델 개발, 반복적이고 규칙적인 정형화된 재무 업무의 완전 자동화 등을 적극 추진해 나가야 한다. 둘째, AI 도입으로 재무 담당자의 역할은 단순 업무 처리에서 전략적 분석과 의사 결정 지원으로 변화할 것이다. 재무 담당자는 앞으로 생성형 AI가 제공한 분석 결과의 비즈니스 의미 해석, AI 분석을 바탕으로 한 재무 전략 수립, AI

가 다양한 정보들을 분석해 탐지한 위험 요소에 대한 대응 방안 수립 등의 업무를 잘 추진해 나가야 할 것이다.

결론적으로 AI의 활용은 기업의 재무 관리 영역에서 혁신적인 변화를 가져오고 있다. 재무 데이터 분석부터 위험 관리 및 자금 조달까지 재무 업무 전반에 걸쳐 AI의 도입이 효율성과 정확성을 크게 향상하고 있다. 기업이 재무 관리 업무에 AI를 성공적으로 도입하기 위해서는 명확한 목표 설정, 단계적 접근, 지속적인 학습과 개선이 필요하다.

특히 재무 담당자들은 AI를 단순한 도구로 인식하기보다는 전략적 파트너로 활용해 기업의 재무 경쟁력을 강화해야 한다. 앞으로 AI 기술의 발전과 함께 재무 관리 업무는 더욱 고도화될 것이며, 이에 대비한 준비와 대응이 기업의 지속 가능한 성장에 핵심적인 역할을 할 것이다.

08
AI 기술 개발 및 조직 문화와 윤리

기업들은 기술 개발 업무에 생성형 AI를 활용해 개발 아이디어 다양성 확보, R&D 문서화 자동화 및 생산성 향상, 반복 분석 및 계산 업무의 자동화, 실험 및 설계의 정밀도 향상, 시장 기술 동향 예측 기반 기획 역량 강화, 연구 개발 의사 결정의 객관성 확보, 제품 개발 시간 단축 및 자원 절감, 연구 성과의 시각화 및 요약 보고 자동화 등의 성과를 거두고 있다.

AI와 인재 채용?

AI를 활용한 기술 개발 혁신

기술 개발(Research and Development, R&D)은 크게 연구(Research)와 개발(Development)로 구분할 수 있다. 연구는 기초 연구와 응용 연구를 포함하며, 새로운 지식이나 원리를 탐구하는 활동이고, 개발은 연구 결과를 바탕으로 실제 제품, 공정, 시스템 등을 만들어 내는 활동을 의미한다.

전통적인 기술 개발 방식이 경험과 직관에 의존했다면, 인공지능 시대의 기술 개발은 데이터 기반의 과학적 접근법인 AI 기반 R&D로 패러다임이 전환되고 있다. 기업의 기술 개발은 AI의 확산으로 인해 전략적 의사 결정의 핵심 영역으로 발전하고 있다. 특히 챗지피티, 제미나이, 클로드 등 생성형 AI의 발전은 가설 설정부터 실험 설계 및 조정, 결과 분석까지 R&D 전 과정에 걸쳐 혁신적인 변화를 가져오고 있다.

A기업은 AI를 활용한 반도체 설계 최적화를 통해 개발 시간을 수십 % 단축하는 성과를 거두었다. 엔지니어들은 챗지피티 같은 생성형 AI를 활용해 복잡한 회로 설계 문제를 해결하고, 다양한 시나리오에 대한 시뮬레이션을 수행해 최적의 설계안을 도출하고 있다.

기업은 AI를 기술 아이디어 발굴 및 기획, 기술 동향

조사 및 특허 분석, 실험 설계 및 결과 요약 자동화, AI 기반 연구 보고서 및 기술 문서 작성, 시뮬레이션 및 최적화 알고리즘 적용, 설계 자동화 및 소재 추천 등 제품 설계 지원, 소스 코드와 알고리즘 생성 및 리뷰 자동화, 문헌 리뷰 및 연구 트렌드 요약 등 기술 개발 업무에 다양하게 활용해 성과를 거두고 있다. 기업이 기술 개발 업무에 생성형 AI를 활용하는 것은 선택이 아닌 필수가 되고 있다.

기업은 생성형 AI를 기술 개발 혁신 업무에 다음과 같이 다양하게 활용하고 있다.

첫째, AI 기반 연구 방법론의 혁신 업무에 AI를 활용하고 있다. 전에는 연구자가 수개월에 걸쳐 수행해야 했던 문헌 조사 과정을 AI가 몇 시간 내에 완료할 수 있다. 기업은 AI를 활용해 방대한 양의 학술 논문과 특허 문서를 분석해 핵심 기술 동향을 파악하고, 경쟁사의 기술 개발 방향을 예측하고 있다. B기업 배터리 연구 팀의 경우, AI를 활용해 전 세계 배터리 관련 특허 10만 건을 분석해 차세대 배터리 기술의 핵심 키워드를 도출했다. 이를 통해 연구 방향을 재설정하고, 기존 대비 몇 배 빠른 속도로 신기술을 개발할 수 있었다.

그리고 AI는 실험 설계 단계에서도 혁신을 가져오고

있다. 기업은 기존의 일회성 실험 방식에서 벗어나 실험 결과를 실시간으로 분석하고, 다음 실험 조건을 자동으로 제안하는 적응형 실험 방법론에 AI를 활용하고 있다. P기업의 경우, 생성형 AI를 활용해 실험 횟수를 기존 대비 70% 줄이면서도 더 우수한 성능의 소재를 개발하는 데 성공했다. AI가 온도, 압력, 합금 성분 비율 등 수천 개의 변수를 동시에 최적화해 최적의 실험 조건을 제시했기 때문이다.

둘째, 기업은 AI 기반 아이디어 창출 및 혁신 업무에 AI를 활용하고 있다. 전통적인 브레인스토밍 방식은 참여자의 경험과 창의성에 의존했지만, 기업이 생성형 AI를 활용하면 무한한 아이디어 풀에서 혁신적인 발상을 도출할 수 있다. AI는 서로 다른 분야의 기술을 융합해 새로운 아이디어를 제안하고, 기존에 생각하지 못했던 접근 방법을 제시해 준다. H기업 연구 개발 본부는 AI를 활용해 자율주행 기술과 바이오 기술을 융합한 새로운 차량 인터페이스 아이디어를 도출했다. AI가 제안한 '생체 신호 기반 차량 제어 시스템'은 핵심 특허로 출원되어 차세대 자동차 기술의 기반이 되고 있다.

그리고 AI는 서로 다른 산업 분야의 기술을 연결해 혁신적인 아이디어를 창출하는 데 탁월한 능력을 보여 준다. 이는 기존의 수직적 사고에서 벗어나 수평적 사고로의 전환을 가능하게 한다.

AI 시대 조직 문화 변화

기업의 조직 문화는 AI 활용이 확산됨에 따라 다음과 같이 다양하게 변화하고 있다.

첫째, 기업에 데이터 기반 의사 결정 문화가 조성되고 있다. 생성형 AI 도입은 조직의 의사 결정 방식을 근본적으로 변화시키고 있다. 직감이나 경험에 의존하던 기존 방식에서 벗어나 데이터와 AI 분석 결과를 바탕으로 한 과학적 의사 결정 문화가 확산되고 있다. N기업은 모든 주요 의사 결정에 AI 분석 결과를 필수적으로 포함하도록 하는 '데이터 기반 의사 결정 프로세스'를 도입했다. 이를 통해 신사업 진출 시 성공 확률을 기존 대비 수십 % 향상했고, 위험 관리 능력도 크게 개선했다.

둘째, 기업의 협업 방식이 혁신되고 있다. AI 시대 기업은 인간과 AI가 각각의 강점을 발휘하며 협업하는 새로운 업무 모델 즉 인간-AI 협업 모델을 구축해야 한다. 인간은 창의성과 감정적 지능을, AI는 정보 처리와 패턴 인식을 담당하도록 역할 분담이 이뤄진다. S기업의 메모리 설계팀은 엔지니어와 AI가 협업하는 '하이브리드 설계 프로세스'를 도입했다. 엔지니어가 창의적인 아이디어를 제안하면 AI가 기술적 타당성을 검증하고 최적화 방안을 제시하는 방식으로, 설계 품질과 속도를 동시에 향상했다. 그리고 AI 기술은 부서 간 경계를 허물고 융합적 사고를 촉진한다. 기업이 생성형 AI를 활용해 마케팅, 개발, 생산 등 서로 다른 부서의 데이터를 통합 분석해 새로운 인사이트를 도출하는 과정에서 자연스럽게 부서 간 협업이 강화된다.

셋째, 기업에 학습하는 분위기가 조성되고 있다. AI 기술의 급속한 발전은 기업 구성원들에게 지속적으로 학습하도록 하고 있다. 기업은 직원들이 AI 기술을 활용할 수 있도록 체계적인 교육 프로그램을 제공하고, 실무에 적용할 수 있는 환경을 조성하고 있다. L유통 그룹은 전 직원을 대상으로 한 'AI 리터러시 교육'을 실시해 6개월 내에 상당수의 직원이 업무에 AI를 활용할 수 있도록 했다. 이를 통해 업무 효율성이 수십 % 향상되었고, 직원들의 업무 만족도도 크게 개선되었다. 그리고 AI 도입 과정에서 시행착오는 불가피하다. 성공적인 AI 전환을 위해서는 실패를 학습의 기회로 받아들이고, 빠른 시도와 개선을 반복하는 조직 문화가 필요하다.

기업이 AI 활용 성과를 제고하기 위해서는 AI 시대에 적합한 다음과 같은 다양한 리더십이 필요하다.

첫째, 디지털 리더십 핵심 역량이 필요하다. AI 시대의 리더는 AI 기술에 대한 기본적인 이해를 바탕으로 전략적 의사 결정을 내릴 수 있어야 한다. 이는 AI 전문가가 되는 것이 아니라, AI의 가능성과 한계를 이해하고 비즈니스 관점에서 활용 방안을 모색할 수 있는 능력을 의미한다. 그리고 AI 도입은 조직에 급격한 변화를 가져온다. 기업 리더는 구성원들의 변화에 대한 저항을 관리하고, AI 기술에 대한 불안감을 해소하며, 새로운 업무 방식에 적응할 수 있도록 지원해야 한다.

둘째, 인간 중심의 리더십이 필요하다. AI가 데이터 분석과 업무 자동화를 담당하는 만큼, 리더는 인간적인 소통과 공감 능력을 갖춰야 한다. 기술이 해결할 수 없는 창의성, 감정적 지능, 윤리적 판단 등의 영역에서 리더십을 발휘해야 한다. 그리고 AI 알고리즘의 편향성 문제를 해결하기 위해 다양한 배경과 관점을 가진 팀원들의 참여가 필요하다. 기업 리더는 기업 내에 다양성을 존중하고 포용하는 조직 문화를 만들어야 한다.

기업의 AI 윤리와 법적 고려 사항

기업은 AI 활용 성과를 제고하기 위해 다음과 같이 AI 윤리와 법적 사항을 고려해야 한다.

첫째, 개인정보 보호와 데이터 거버넌스를 확보해야 한다. AI 시스템이 개인정보를 처리하는 과정에서 투명성을 확보하는 것은 필수적이다. 기업은 개인정보 처리 목적, 방법, 보유 기간 등을 명확히 공개하고, 정보 주체의 권리를 보장해야 한다.

둘째, AI 편향성을 제거하고 공정성을 보장해야 한다. AI 알고리즘이 특정 집단에 대한 편향을 가지지 않도록 지속적으로 검증하고 개선해야 한다. 이는 기술적 검증뿐만 아니라 사회적, 윤리적 관점에서의 검토를 포함한다.

셋째, AI 윤리 지침과 거버넌스를 갖추어야 한다. 기업은 AI 윤리 지침을 수립하고 실행을 감독하는 전담 조직을 구성해야 한다. 예를 들면, AI 윤리 위원회는 기술 전문가, 법무 담당자, 윤리학자 등 다양한 분야의 전문가로 구성되어야 한다.

넷째, 법적 책임을 지고 규제에 대한 적절한 대응을 해야 한다. 국내외 AI 관련 법규가 지속적으로 제정되고 개정되고 있다. 기업은 이러한 법규 변화를 지속적으로 모니터링하고, 선제적으로 대응해야 한다.

다섯째, AI 윤리 교육과 인식을 개선해야 한다. 먼저 기업은 AI 윤리 실천을 위해 전 직원의 AI 윤리 의식을 향상해야 한다. 따라서 기업은 체계적인 교육 프로그램을 통해 AI 윤리의 중요성과 실천 방법을 전파해야 한다. 그리고 AI 기술에 대한 고객의 우려와 기대를 이해하고, 투명한 소통을 통해 신뢰를 구축해야 한다. 고객이 AI 기술을 올바르게 이해하고 활용할 수 있도록 지원하는 것도 기업의 중요한 역할이다.

결론적으로 AI 시대의 기업은 기술적 혁신뿐만 아니라 조직 문화와 윤리적 책임을 동시에 고려해야 한다. 기업은 AI를 활용한 기술 개발 혁신을 통해 경쟁력을 확보하고, 인간 중심의 조직 문화를 조성하고 AI 윤리를 실천해 지속 가능한 발전을 추구해야 한다. 이는 단순한 기술 도입을 넘어 기업의 전체적인 변화 관리와 가치 체계의 재정립을 의미한다. 성공적인 AI 전환을 위해 리더십의 역할이 무엇보다 중요하다. 디지털 리터러시를 갖춘 경영자가 인간적인 소통과 공감을 바탕으로 경영할 때, AI 기술은 비로소 기업과 사회 전체에 긍정적인 변화를 가져온다.

09
기업의 성공적인 AI 도입 실행 전략

훌륭한 AI 전략도 실행 단계에서 조직의 저항, 기술적 복잡성, 예산 제약 등의 현실적 벽에 부딪히며 좌절되기 쉽다. 기업들은 성공적인 AI 도입을 위해 체계적인 실행 로드맵과 단계별 접근 즉, 구체적인 실행 전략을 수립하고, 파일럿 프로젝트 설계, 조직 변화 관리, 위험 요소 대응 방안 수립 및 집행 등 난관을 극복할 수 있는 실전 노하우를 학습해야 한다.

AI와 기자?

AI의 성공적인 도입 로드맵

오늘날 인공지능은 기업의 경쟁력을 결정하는 핵심 요소로 자리 잡았다. AI를 적극적으로 도입한 기업들은 그렇지 않은 기업들보다 평균 수십 % 높은 수익을 올리고 있다. 하지만 많은 기업은 AI 도입 과정에서 명확한 전략 없이 접근해 실패를 경험하고 있는 것도 사실이다.

기업이 챗지피티, 제미나이, 클로드 등 생성형 AI를 성공적으로 도입하기 위해 체계적인 접근 방법이 필요하다. 단순히 최신 기술을 도입하는 것이 아니라, 기업의 비즈니스 목표와 조직 문화에 맞는 AI 도입 전략을 수립하고 단계적으로 실행해야 한다.

기업이 AI를 성공적으로 도입하기 위한 5단계 로드맵은 이해, 준비, 설계, 실행, 확장 등으로 세부적으로 보면 다음과 같다.

1단계는 AI 역량을 평가하고 기회를 식별하는 이해 과정으로 AI에 대한 포괄적인 이해와 자사의 현재 상황을 분석하는 과정이다. 이 단계에서 기업은 먼저 데이터 패턴 학습을 통한 예측 및 분류 등을 하는 머신 러닝(Machine Learning) 기술, 복잡한 패턴 인식 및 이미지와 음성 처리 등을 하는 딥 러닝(Deep Learning) 기술, 텍스트 분석, 챗봇, 번역 등을 하는 자연어 처리 기술, 이미지 인식 및 품질 검사 등을 하는 컴퓨터 비전(Computer Vision) 기술, 자동화 및 물리적 작업 수행 등을 하는 로보틱스(Robotics) 기술 등의 AI 기술을 유형별로 이해하는 것이 필요하다. 그리고 기업은 현재 상황 진단, 즉 AI 준비 수준 평가를 통해 현재 위치를 파악해야 한다. 이는 데이터 품질, IT 인프라, 인력 역량, 조직 문화 등을 종합적으로 평가하는 과정이다. 1단계 H자동차의 사례를 보면, 기업은 2018년 AI 도입을 위해 먼저 전사적인 AI 역량 진단을 실시했다. 제조, 품질 관리, 고객 서비스, R&D 등 부문별로 AI 적용 가능성을 분석하고, 기존 데이터 현황과 IT 인프라를 점검했다. 이를 통해 우선순위가 높은 영역을 식별하고 단계별 도입 계획을 수립했다.

2단계는 기업이 기반 구축 및 역량 개발 등을 하는 준비 과정이다. 이는 기술적 준비와 조직적 준비로 구분된다. 기술적 준비 사항으로는 데이터 인프라 구축, 클라우드 플랫폼 도입, 데이터 거버넌스 체계 구축, AI 개발 환경 구축 등이 있다. 그리고 조직적 준비 사항으로는 AI 전담 조직 구성, 인력 양성 프로그램, 변화 관리 계획, 파트너십 구축 등이 있다. 2단계 S전자의 사례를 보면, 기업은 2019년 AI 연구 센터를 설립하고 글로벌 AI 전문가 1,000명을 확보한다는 목표를 세웠다. 또한 전 직원을 대상으로 AI 기초 교육을 실시하고, 사업부별로 AI 전문가를 배치하는 AI 허브 조직을 구축했다. 그리고 데이터 플랫폼 구축에도 대규모 투자를 단행해 AI 도입 기반을 마련했다.

3단계는 기업이 구체적인 AI 전략을 수립하고 실행 가능한 프로젝트를 기획하는 설계 과정이다. 기업의 AI 전략 수립을 위해서는 비즈니스 목표와 AI 목표 연계, 우선순위 설정, 투자 계획 수립, 거버넌스 체계 구축 등이 필요하다. 또한 기업은 프로젝트 기획을 위해 파일럿 프로젝트 선정, 성과 지표 정의, 위험 관리 계획, 단기, 중기, 장기 목표 및 마일스톤 설정 등 타임라인 설정이 필요하다. 3단계 K금융 그룹의 사례를 보면, 기업은 2020년 '디지털 혁신 전략'의 일환으로 AI 전략을 수립했다. 고객 서비스 개선, 리스크 관리 강화, 업무 효율성 향상이라는 3대 목표를 설정하고, 목표별로 구체적인 AI 프로젝트를 기획했다. 특히 챗봇 도입을 첫 번째 파일럿 프로젝트로 선정해 고객 문의 응답 시간 단축과 상담사 업무 효율성 향상을 목표로 설정했다.

4단계는 파일럿 프로젝트 및 확산 등을 하는 실행 단계로 실제 AI 프로젝트를 실행하는 단계다. 기업은 파일럿 프로젝트부터 시작해 점진적으로 확산시키는 접근 방법을 취한다. 파일럿 프로젝트 실행을 위해서는 애자일 개발 방법론 적용, 데이터 수집 및 전처리, 모델 개발 및 훈련, 테스트 및 검증 등이 필요하다. 또한 변화 관리를 위해서는 사용자 교육 및 훈련, 커뮤니케이션, 피드백 수집 및 반영, 저항 관리 등이 필요하다. 4단계 L할인점의 사례를 보면, 기업은 2021년 매장 내 상품 진열 최적화를 위한 AI 시스템을 도입했다. 그리고 파일럿 프로젝트로 10개 매장에서 시작해 매출 데이터, 고객 동선 데이터, 상품 판매 데이터를 활용한 AI 모델을 개발했다. 3개월간의 테스트 결과 매출이 평균 수십 % 증가하는 성과를 보였고, 이후 전 매장으로 확산했다.

5단계는 기업이 전사 확산 및 지속적 개선 등을 하는 확장 단계로, 성공한 AI 프로젝트를 전사적으로 확산하고 지속적으로 개선하는 단계다. 확산 전략을 위해서는 성공 사례 표준화, 플랫폼화, 전문 AI 조직 운영, 생태계 구축 등이 필요하다. 또한 지속적 개선을 위해 성능 모니터링, 데이터 업데이트, 기술 진화 대응, 윤리적 AI 실현 등이 필요하다. 5단계 N포털 기업의 사례를 보면, 기업은 2016년 음성 인식 AI 솔루션을 시작으로 검색, 쇼핑, 금융, 헬스케어 등 다양한 서비스 영역으로 AI를 확산시켰다. 또한 H 초거대 AI 모델을 개발해 내부 서비스뿐만 아니라 외부 기업들에게도 AI 서비스를 제공하는 플랫폼을 구축했다. 현재는 AI 기술을 활용한 새로운 비즈니스 모델 창출에 집중하고 있다.

AI 프로젝트의 주요 성패 요인 분석

기업은 AI를 성공적으로 도입하기 위해 AI 프로젝트의 성공 요인을 적극 벤치마킹하고 실패 요인을 반면교사로 삼아야 한다.

AI 프로젝트의 성공 요인을 보면 다음과 같다. 첫째, 경영진의 강력한 지원이 필요하다. AI 도입에 성공한 기업들의 공통점은 경영진의 강력한 의지와 지원이다. 단순한 기술 도입이 아닌 비즈니스 혁신의 관점에서 AI를 바라보고 장기적인 투자를 아끼지 않는 것이 중요하다.

둘째, 명확한 비즈니스 목표를 설정해야 한다. 성공적인 AI 프로젝트는 모두 명확한 비즈니스 목표를 가지고 있다. 기술 중심이 아닌 비즈니스 가치 중심의 접근을 통해 실질적인 성과를 창출한다.

셋째, 고품질 데이터를 확보해야 한다. AI의 성능은 데이터의 품질에 직접적으로 의존한다. 충분한 양의 정확하고 관련성 높은 데이터를 확보하는 것이 성공의 핵심이다.

넷째, 적절한 인력을 확보하고 역량을 강화해야 한다. AI 전문가뿐만 아니라 도메인 전문가, 프로젝트 매니저, 데이터 엔지니어 등 다양한 역량을 갖춘 팀 구성이 필요하다.

다섯째, 점진적 접근 방법이 요구된다. 처음부터 완벽한 시스템을 구축하려 하지 않고, 작은 성공을 쌓아 가며 점진적으로 확장하는 접근 방법이 성공 확률을 높인다.

AI 프로젝트의 실패 요인을 보면 다음과 같다. 첫째, "AI를 도입해야 한다"는 막연한 목표로 시작해 구체적인 성과 지표나 기대 효과를 정의하지 못한 경우 실패할 확률이 높다.

둘째, 부족하거나 부정확한 데이터, 편향된 데이터를 사용해 AI 모델의 성능이 기대에 미치지 못하는 경우가 많다.

셋째, AI 도입으로 인한 업무 변화나 일자리 위협에 대한 우려로 조직 내 저항이 발생해 프로젝트가 좌초되는 경우가 있다.

넷째, 기업이 비즈니스 가치보다는 기술적 우수성에만 집중해 실제 업무에 도움이 되지 않는 시스템을 구축하는 경우 실패 확률이 높다.

다섯째, 기업이 AI에 대한 과도한 기대로 인해 현실적이지 않은 목표를 설정하고, 단기간에 극적인 변화를 요구하는 경우다.

기업의 성공적인 AI 도입을 위한 제언

기업이 AI를 성공적으로 도입해 활용하기 위해서는 다음과 같이 다양한 사항을 고려해야 한다.

첫째, AI 시스템의 공정성, 투명성, 책임성을 확보하기 위한 윤리적 가이드라인을 수립해야 한다. 이때 편향 방지, 프라이버시 보호, 설명 가능한 AI 구현 등이 핵심 요소다.

둘째, AI 시스템에서 처리하는 데이터의 보안과 개인정보 보호를 위한 기술적, 관리적 조치를 마련해야 한다.

셋째, AI 도입은 기술적 변화뿐만 아니라 조직 문화의 변화도 동반한다. 따라서 기업은 데이터 기반 의사 결정, 실험적 접근, 지속적 학습 문화를 구축해야 한다.

넷째, AI 시스템의 성능과 영향을 지속적으로 모니터링하고 개선하는 체계를 구축해야 한다. 모델 성능 저하, 편향성 증가 등을 조기에 감지하고 대응하는 것이 중요하다.

기업이 AI를 성공적으로 도입하기 위해서는 다음과 같은 핵심 원칙을 준수해야 한다.

첫째, 비즈니스 가치 중심의 접근이 필요하다. 따라서 기업은 기술적 우수성보다는 실질적인 비즈니스 성과 창출에 집중해야 한다.

둘째, 단계적이고 점진적인 접근 방법을 취해야 한다. 작은 성공을 쌓아 가며 조직의 AI 역량을 점진적으로 확장하는 것이 중요하다.

셋째, 데이터 품질과 거버넌스에 투자해야 한다. 고품질 데이터 없이는 성공적인 AI 구현이 불가능하다.

넷째, 인력 개발과 조직 문화 변화에 주목해야 한다. 기술 도입만큼이나 사람과 조직의 변화가 중요하다.

다섯째, 윤리적 AI 구현과 위험 관리를 중시해야 한다. 장기적인 관점에서 지속 가능한 AI 시스템을 구축하는 것이 중요하다.

결론적으로 AI는 더 이상 선택이 아닌 필수가 되었다. 하지만 성공적인 AI 도입을 위해 기업은 체계적인 전략과 실행 계획이 중요하다. 이 장에서 제시한 5단계 로드맵과 성공 요인들을 참고해 기업의 상황에 맞는 AI 도입 전략을 수립하고 실행한다면, 기업은 AI를 통한 비즈니스 혁신과 성장 목표를 달성할 수 있을 것이다.

10
AI 도입 효과 측정 및 지속 가능 경영

기업이 AI 기술을 도입했다고 해서 자동으로 성과가 보장되는 것은 아니다. 진정한 가치는 정확한 측정과 지속적인 개선에서 나온다. 따라서 기업이 AI 도입 효과를 과학적으로 측정하는 방법론과 핵심 성과 지표를 설정하고, 일회성 프로젝트가 아닌 지속 가능한 AI 경영 시스템의 구축 전략을 수립하고 이를 체계적으로 실행하는 것이 중요하다.

AI와 미래 의사?

기업의 성공적인 AI 투자 효과 분석

제품과 서비스 경쟁력 제고의 핵심 동력으로 부상한 인공지능은 기업 운영의 패러다임을 근본적으로 변화시키고 있다. 그러나 AI 도입에 따른 막대한 초기 투자와 운영 비용을 고려할 때, 기업들은 AI 투자 대비 효과를 명확히 측정하고 관리할 수 있는 체계적인 접근이 필요하다.

AI 투자 효과 측정은 단순한 재무적 성과 평가를 넘어 기업의 디지털 역량 향상, 고객 만족도 증진, 업무 프로세스 최적화 등 다차원적인 가치 창출을 종합적으로 평가하는 과정이다. 이는 AI가 가져오는 변화가 즉각적이고 가시적인 결과뿐만 아니라 중장기적인 조직 역량 강화와 경쟁 우위 확보에도 기여하기 때문이다.

특히 챗지피티, 제미나이, 클로드 등 생성형 AI의 급속한 발전과 확산으로 인해 기업들은 AI 투자 전략을 재검토하고 있으며, 이에 따라 보다 정교하고 체계적인 성과 측정 방법이 요구되고 있다. AI 도입 효과를 체계적으로 측정하고 관리하기 위한 종합적인 지침이 필요하고 지속 가능한 AI 기반 경영 시스템 구축을 위한 전략적 방향을 정립해야 한다.

기업은 AI 투자의 지속적인 고도화를 위해 AI 투자 효과를 다음과 같이 체계적으로 분석하고 장점을 살리고 미흡한 점을 보완해 나가는 것이 바람직하다.

첫째, AI 투자 효과 측정을 위해 다층적으로 접근하는 것이 필요하다. 먼저 AI 도입의 재무적 효과는 전통적인 투자 수익률 계산을 기반으로 하되, AI 특성을 반영한 수정된 지표를 활용해야 한다. 기업은 직접적인 비용 절감 효과, 매출 증가 효과, 위험 감소로 인한 간접적 효과를 종합적으로 고려해야 한다. 투자 비용에는 AI 시스템 구축비, 데이터 인프라 구축비, 인력 교육비, 운영비 등이 포함되며, 편익에는 업무 효율성 향상으로 인한 인건비 절감, 의사 결정 정확도 향상으로 인한 매출 증대, 예측 정확도 향상으로 인한 제품 및 원부자재의 재고 관리 최적화 등이 포함된다.

그리고 기업은 운영 측면의 효과로 업무 프로세스의 개선, 생산성 향상, 품질 개선 등을 측정해야 한다. 이는 프로세스 처리 시간 단축률, 오류율 감소, 고객 응답 시간 단축, 업무 자동화율 등의 지표로 평가할 수 있다.

또한 전략적 효과는 장기적 관점에서 AI 도입이 조직의 전략적 역량에 미치는 영향을 측정한다. 여기에는 혁신 역량 강화, 시장 대응 속도 향상, 새로운 비즈니스 모델 창출 가능성 등이 포함된다.

둘째, 기업은 AI 투자 효과에 대한 합리적인 측정 방법을 적용해야 한다. 먼저 AI 투자 효과는 도입 단계별로 상이한 측정 방법을 적용해야 한다. 초기 도입 단계에서는 기술적 성능 지표와 기본적인 업무 효율성 지표를 중심으로 측정하고, 안정화 단계에서는 재무적 성과와 고객 만족도 지표를 추가하며, 성숙 단계에서는 전략적 가치와 조직 역량 지표를 포함한 종합적 평가를 수행해야 한다.

그리고 기업은 벤치마킹 기반 평가 방법을 적용해야 한다. AI 도입 전후의 성과를 비교하는 것은 물론, 동종 업계 타 기업과의 비교를 통해 상대적 성과를 평가해야 한다. 이를 위해 업계 표준 지표를 설정하고 정기적으로 벤치마킹을 수행하는 것이 중요하다.

또한 기업은 정량적-정성적 통합 평가 방법을 적용해야 한다. 이를 위해 AI 효과 측정 시 정량적 지표와 정성적 지표를 균형 있게 활용해야 한다. 정량적 지표만으로는 AI가 가져오는 조직 문화 변화, 직원 만족도 향상, 학습 조직으로의 전환 등을 충분히 평가할 수 없기 때문이다.

기업은 AI 효과 측정의 객관성을 보장하기 위해 핵심성과 지표(Key Performance Indicator, KPI)를 다음 원칙에 따라 설정해야 한다. 첫째, 모든 AI KPI는 조직의 전략적 목표와 직접적으로 연결되어야 한다. AI 기술 자체의 성능보다는 비즈니스 가치 창출에 초점을 맞춘 지표 설계가 필요하다. 둘째, 기업은 AI KPI를 기술적 성능 지표, 업무 효율성 지표, 재무적 성과 지표, 혁신 및 학습 지표 등 유형별로 설계해야 한다. 셋째, 기업은 제조업, 금융업, 소매업 등 산업별로 특화된 KPI를 설계해야 한다.

생성형 AI 미래 전망

기업은 다음과 같은 AI의 발전 추이를 계속 모니터링하고 필요시 AI 활용 수준을 계속 고도화해 나가야 한다.

첫째, 텍스트, 이미지, 음성, 비디오 등 다양한 형태의 데이터를 통합적으로 처리하는 멀티모달 AI 기술이 급속히 발전하고 있다. 이는 기업의 콘텐츠 생성, 고객과의 상호작용, 제품 설계 등 다양한 영역에서 혁신적인 변화를 가져올 것이다. 또한 범용적인 대화형 AI에서 특정 업무나 도메인에 특화된 AI 에이전트로의 발전이 가속화될 것이다. 이는 기업의 특정 업무 프로세스에 최적화된 AI 솔루션의 개발을 촉진할 것이다. 그리고 사용자의 피드백과 새로운 데이터를 실시간으로 학습해 지속적으로 성능을 개선하는 적응형 AI 시스템이 확산될 것이다. 이는 기업의 변화하는 요구 사항에 더욱 유연하게 대응할 수 있는 AI 시스템의 구축을 가능하게 할 것이다.

둘째, 생성형 AI는 콘텐츠 제작, 디자인, 마케팅 등 창조적 업무 영역에서 인간의 창의성을 증강하는 도구로 활용될 것이다. 이는 창조적 업무의 효율성을 크게 향상하는 동시에 새로운 형태의 창작 활동을 가능하게 할 것이다. 또한 생성형 AI 기반의 고객 서비스는 더욱 개인화되고 맥락적인 서비스를 제공할 수 있게 될 것이다. 고객의 의도를 정확히 파악하고 적절한 솔루션을 제공하는 능력이 크게 향상될 것으로 예상된다. 그리고 생성형 AI는 개인별 맞춤형 교육 콘텐츠 생성, 시뮬레이션 기반 훈련 시스템 구축 등을 통해 기업의 인재 개발 방식을 혁신할 것이다.

셋째, 생성형 AI의 광범위한 활용은 데이터 보안과 프라이버시 보호에 대한 새로운 도전을 제기하고 있다. 기업은 AI 시스템의 투명성과 설명 가능성을 확보하면서도 민감한 정보를 보호하는 방안을 마련해야 한다. 또한 생성형 AI의 도입은 기업의 인력 구조와 업무 방식에 근본적인 변화를 가져올 것이다. 기업들은 AI와 협업하는 새로운 업무 방식을 개발하고, 직원들의 역량 전환을 지원해야 한다. 그리고 생성형 AI의 활용 확대에 따라 관련 규제와 윤리적 지침이 지금보다 강화될 것으로 예상된다. 기업은 이러한 변화에 능동적으로 대응하면서도 경영 전반에 AI의 잠재력을 최대한 활용할 수 있는 전략을 수립해야 한다.

AI 시대 바람직한 기업 경영 전략

기업은 AI 발전에 발맞춰 다음과 같은 점을 경영에 적극 반영해 나가는 것이 바람직하다.

첫째, AI 기반 경영 체계로 신속히 전환해 나가야 한다. AI 시대의 기업 경영은 직관과 경험에 의존하던 전통적인 의사 결정 방식에서 데이터와 AI 분석에 기반한 과학적 의사 결정 방식으로 전환되고 있다. 이는 의사 결정의 정확성과 일관성을 크게 향상하고 있다. 그리고 생성형 AI의 예측 능력을 활용해 미래의 변화를 사전에 감지하고 대응하는 예측적 경영이 확산될 것이다. 이는 위험 관리, 수요 예측, 자원 배분 등 다양한 영역에서 경영의 효율성을 높일 것이다. 또한 생성형 AI 기반의 실시간 데이터 분석과 모니터링을 통해 기업의 상황을 실시간으로 파악하고 즉각적인 대응이 가능한 실시간 경영이 구현될 것이다.

둘째, 조직 구조와 문화를 AI 시대에 걸맞게 변화시켜야 한다. AI 기반의 정보 공유와 협업이 활성화됨에 따라 전통적인 수직적 조직 구조에서 수평적이고 네트워크 기반의 조직 구조로 전환이 가속화될 것이다. 그리고 AI 기술의 빠른 발전에 대응하기 위해 지속적인 학습과 적응이 가능한 학습 조직으로의 진화가 필요하다. 이는 직원들의 지속적인 역량 개발과 조직 차원의 지식 관리 시스템 구축을 요구한다. 또한 AI 기반의 새로운 아이디어 창출과 실험 문화가 조직 전반에 확산될 것이다. 이는 기업의 혁신 역량을 크게 향상하는 동시에 시장 변화에 대한 대응력을 강화할 것이다.

셋째, 기업은 새로운 비즈니스 모델의 등장을 예의 주시해야 한다. AI 기술을 활용한 새로운 형태의 서비스 모델이 등장할 것이다. 생성형 AI를 활용한 개인화된 서비스, 예측 기반 서비스, 자동화된 서비스 등이 기업의 새로운 수익원이 될 것이다. 그리고 AI 기술을 중심으로 한 플랫폼 기반의 비즈니스 생태계가 형성될 것이다. 이는 기업이 단독으로 사업을 영위하던 방식에서 협력적 생태계를 구축하는 방식으로의 전환을 의미한다. 또한 AI 기술을 활용한 자원 효율성 향상, 환경 영향 최소화, 사회적 가치 창출 등을 통해 지속 가능한 경영 모델이 확산될 것이다.

결론적으로 AI 도입 효과 측정과 지속 가능한 경영 체계 구축은 기업의 디지털 전환 성공을 위한 핵심 요소다. 기업은 과학적인 성과 측정 체계를 통해 AI 투자의 효과를 정확히 평가하고, 지속적인 개선을 통해 마케팅, 생산, 기술 개발 등 기업 경영 전반에 걸쳐 AI의 잠재력을 최대한 활용해야 한다.

생성형 AI의 급속한 발전과 확산은 기업 경영에 새로운 기회와 도전을 동시에 제공하고 있다. 대기업은 물론 중소기업들도 이러한 변화에 능동적으로 대응하면서도 인간 중심의 가치와 윤리적 고려 사항을 놓치지 않아야 한다.

미래의 기업 경영은 AI 기술과 인간의 창의성이 조화롭게 결합된 형태로 진화할 것이다. 이를 위해서는 AI 기술적 역량 강화와 함께 조직 문화의 혁신, 인재 개발, 윤리적 경영 등에 대한 종합적인 접근이 필요하다.

AI 시대의 성공적인 경영을 위해서는 단순한 기술 도입을 넘어 조직 전반의 디지털 전환과 지속적인 혁신 역량 구축이 필요하다. 이를 통해 기업은 AI 기술의 잠재력을 최대한 활용하면서 지속 가능한 성장을 실현할 수 있을 것이다.

권영우

(사)한국인공지능협회 인공지능연수원장이다. 숭실대학교에서 디지털경영 박사학위를 받았다. 30여 년간 기업 혁신과 인재 양성의 현장을 지켜 왔다. 기업 CEO를 비롯한 임직원을 대상으로 경영 혁신 및 AI 활용 경영 교육을 1,000회 이상 수행했으며, 생성형 AI 전문 인력 양성 과정을 주도하며 실전형 AI 교육의 선구자로 자리매김했다. "생성형 AI 활용 경영", "AI 친구와 함께하는 인생 2막" 등 수많은 기고문을 통해 기업과 개인이 AI 시대를 준비하는 길을 제시해 왔다. 공공과 민간을 넘나들며 평가위원, 멘토, 컨설턴트로 활동 중이다.